Otto W. Bringer · GESICHTER

Otto W. Bringer

GESICHTER

Das Rätsel hinter den Fassaden

Schillinger Verlag Freiburg

1. Auflage 2015 · ISBN 978-3-89155-394-7
Titelgestaltung vom Autor. Fotos vom Autort und aus
Archiven, in harmonisierender Rasteroptik.
Gesamtherstellung: Schillinger Verlag Freiburg

Inhalt

Alles hat ein Gesicht

Städte, Landschaften. Der Mensch per se. Alle Lebewesen, Hund, Katze, Pferd. Wer einem Löwen ins Gesicht sieht, weiß was es heißt, einem Löwen ins Gesicht zu sehen. Zirkusartisten zum Beispiel. Oder Touristen auf der Fahrt durch die Savanne. Schwierig wird es, einer Lerche ins Gesicht zu blicken. Noch schwieriger einer Fliege. Obwohl die Augen groß sind, rund wie Kugeln. Von Gesicht aber keine Spur. Nur Augen. Am schwierigsten ist es, einem Floh ins Gesicht zu sehen. Die winzigen Punkte, die man mit der Lupe suchen muss, können auch Bisslöcher sein vom letzten Kampf mit dem Artgenossen. Vielleicht müssen Flöhe gar kein Gesicht haben. Mit Augen zu sehen.

Sie brauchen nur zu hüpfen und schon sind sie am Ziel. Irgendein Stückchen Haut wird es schon sein. Ihr Zuhause sind streunende Viecher, Menschenmassen in unordentlichen Verhältnissen. Ohne Wasser, ohne Seife. Einzig bisher bekannte Ausnahme der König in Goethes Gedicht. Trotz allmorgentlicher kalter Dusche feudaler Nistplatz für ein großes Exemplar seiner Gattung. An was oder wen muss Johann Wolfgang wohl gedacht haben beim Schreiben. Jede einzelne Zeile dieses Gedichts im ‚Faust' zeugt von Beißlust. Ludwig van Beethoven vertonte es mit gleichem Vergnügen. Hört:

„Es war einmal ein König, der hatte einen Floh. Er liebte ihn nicht wenig wie seinen eignen Sohn. Da rief er seinen Schneider, der misst dem Junker Kleider und misst ihm Hosen an. Und war sogleich Minister und hatt´ einen großen Stern. Da wurden seine Geschwister bei Hof auch große Herrn." Und so weiter, und so weiter, bis alle am Hofe zerstochen und zernagt waren. Alldieweil Bedienstete nicht tot knipsen durften, was ihr Herr und Gebieter liebte.

Hätte gern ihre Gesichter gesehen. Schade, dass es in diesen fernen Zeiten noch keine Paparazzi gab. Und Bildarchive. Kein zeichnerisches Genie bekannt vom Range eines Wilhelm Busch oder Tomi Ungerer. So müssen wir unsere Fantasie bemühen. Wie die Herren von Goethe und Beethoven seinerzeit.

Machen wir uns doch einfach ein Bild von uns selbst nach einem ärgerlichen Zwischenfall. Hat mich zum Beispiel hat ein Floh gestochen, der besagte Hafer oder ein liebloses Frauenzimmer beleidigt, blicke ich in den Spiegel. Entdecke ein Gesicht, das meines sein sollte, wie ich es kenne aus freundlicheren Tagen. Verzerrt von Wut und hilflosem Zorn. Nichts mehr vom liebenswürdigen Wesen, als das ich mich sah. Bin ich noch ich? Der Menschheit ganzer Jammer fasst mich an. Schon wieder bei Goethe? Nein bei mir. Höchste Zeit, nachzudenken.

Nicht nur lebende Wesen, auch Häuser haben ein Gesicht. Man nennt es Fassade. Nicht von ungefähr bezeichnet man auch das menschliche Gesicht als Fassade. Eine Fläche, hinter die man nicht blickt auf den ersten Blick. Die vortäuschen kann, was nicht ist. Oder nicht zeigen kann, was ist. Fröhliche Augenfenster lenken von tieftraurigen Gefühlen ab. Vorlautes Mundwerk überpielt vor Angst schlotternde Eingeweide. Das Lächeln in den Augenwinkeln ignoriert die Tränen in der Stimme. Oder böse Absichten.

À propos Fassade. Italiener sind Meister schöner Fassaden. Haben Gesichter wie du und ich, die verstecken oder offenbaren. Aber das, was jedermann in die Augen sticht, machen sie so schön sie können. Fassaden von Kirchen und Kathedralen sind Musterbeispiele der jeweiligen Kunstepoche. Aus weißem, roten oder grünen Marmor. Innen wahre Raumwunder. Die Palazzi des Adels nicht weniger prächtig. Sehen wir die Rückseiten, enttäuscht uns rohes Ziegelmauerwerk. Wie es drinnen aussieht vermuten wir.

Bei den Familien ist es umgekehrt. Ihre Häuser oder Wohnungen sind schlicht, unauffällig. Aber drinnen ist ihr Himmel. Schön wie sie es verstehen. Keramikboden, Edles aus Holz, Porzellan oder Glas. Die Werkstätten im Lande sind weltberühmt für ihre Kunst praktisches Gerät hinreißend schön zu gestalten. Manchmal überrascht uns hinter dem Torbogen ein Innenhof mit Palme oder Oleander. Feiern Italiener Hochzeit, Kindstaufe oder ein Jubiläum, wollen sie das größte, das schönste Fest aller Zeiten. Der ganze Clan, Nonno und Nonna, alle Bambini, Nachbarshaft, das ganze Dorf sind eingeladen. Reicht das Geld nicht, nehmen sie einen Kredit auf. Zahlen lange ab. Egal. Das schöne Gesicht kriegt man nirgends umsonst.

Frauen wissen das am besten. Liebäugeln mit der Alta Moda, der neusten Mode. Kaufen auch wenn es knapp wird Ende des Monats. Schön müssen sie sein. Selbst die Männer legen großen Wert auf ihr Erscheinungsbild. Herrenmode aus Italien ist genauso berühmt und begehrt wie die für das weibliche Geschlecht. Giorgio Armani, Prada oder Valentino klingende Namen. Lass es was kosten. Santa Barbara wird es richten. Oder der heilige Antonius oder ein anderer der heiligen Zunft. Hauptsache schön. Das Gesicht ist gewahrt, die Sehnsucht gestillt. Und sei es nur für einen Tag.

Eine Stadt, ein Platz, eine Wohnung, ein Buch, die Landschaft, alles hat ein Gesicht. Könnten wir es sonst wahrnehmen? Unser Gesicht braucht ein anderes, um sich selbst zu erkennen. Vergleichen, entdecken, widerspiegeln, was es bis dahin nicht berührte. Unsere Augen sind hungrig nach dem Anderen. Nach etwas, das noch keine Spur in ihnen hinterlassen hat. Und doch schon da ist. Tiefer gedrungen bis in die äußersten Fasern der stets wechselnden Zustände, die wir Emotionen, Gefühle nennen. Dort seine Wirkung entfaltet ohne uns zu fragen.

Millionen Gesichter in unseren Neuronen. Unsere ganze Welt in den Nervenzellen des Gehirns gespeichert. Abrufbar nur, was nach der automatischen Auslese zum stets sich ändernden Wertekanon gehört. Also zu dem, was wir jeweils lieben. Wertschätzen, glauben im Laufe eines Lebens. Gesichter, das Wort Sicht steckt darin. Also das, was wir sehen oder gesehen haben von Menschen, Mann, Frau, Kindern. Tieren, Farben und Strukturen der Natur.

Das Gesicht von Sachen in Haus und Garten. Beruf, Auto. Kochen, segeln oder Fußballspielen. Lieblingsgericht. Unterwegs die Ostsee bei Rügen, der schiefe Turm von Pisa, die Bucht von Neapel. Alles hat ein Gesicht. Äußere Bilder. Innere Bilder, die beim Hören der Lieblingsmusik entstehen. Beethovens Flohlied, das Regentropfen-Prélude von Fréderik Chopin, das Trinklied Bier her, Bier her oder ich fall um. Bilder der Kunst. Das Bild des Hasen von Albrecht Dürer. Die spät identifizierte Statue der Pharaonin Teje, mein Favorit. Großmutter des bekannteren Tutanchamun. Und damit bin ich beim ersten Rätsel.

Tutenchamun,
der junge König von Ägypten

Hätte Howard Carter 1922 bei seinen Arbeiten in Ägypten nicht die Grabkammer im Tal der Könige entdeckt und die Schätze geborgen, könnten wir ihm nicht ins Gesicht sehen. In das Gesicht Tutenchamuns, des jung verstorbenen Pharao aus purem Gold. Umgeben von prächtigem Nemes-Kopfschmuck. Im alten Ägypten fester Bestandteil des königlichen Ornats. Bedeckt Kopf, Schulter und Brust. Im Nationalmuseum von Kairo zu bewundern, wenn es nicht auf Reisen ist. Eine der eindrucksvollen Totenmasken eines Pharao, die es gibt.

Zuerst blendet uns Gold. Abgründig schimmerndes Gold. Nachgeformt über die gipserne Totenmaske Tutenchamuns. Hinzugefügt Haube und Schultertuch. Das Streifenmuster aus Lapislazuli und Granatrot wirkt wie eingewebt. Auf der Stirn die Uräusschlange, Symbol der Königswürde. Alles so hochkarätig, dass es in mehr als drei Jahrtausenden nicht gealtert ist. Ägypten, vor allem das angrenzende Nubien war reich an Goldvorkommen. Kein Wunder, dass es für Ägypter Ewigkeitswert besaß. Gold war für sie Symbol ewiger Jugend und Unsterblichkeit. Und somit göttlicher Natur.

Dummerweise starb Tutenchamun schon mit 18 Jahren. Die einen sagen nach einem Jagdunfall. Andere sprechen von tödlicher Krankheit. Einige von Gift. Bisher konnte nichts von alledem eindeutig nachgewiesen werden. Außer dass er wie seine Verwandten an Skoliose, einer Wirbelsäulenschwäche litt. Bandscheibendegeneration weiß man heute. Zu unserem Glück ließen ihn damalige Bestattungsrituale bis heute nicht zu Staub zerfallen. Alles Körperliche ist rekonstruierbar, analysiert dank Mumifizierung, Röntgentechnik und DNA. Religiöse Bräuche und Alltagsarbeit lassen sich von den Wandbildern in Gräbern, Skulpturen und Hieroglyphentafeln ablesen, vergleichen und annähernd genau beschreiben. Dank Jean François Champollion, der 1822 Grammatik und Wortschatz der ägyptischen Schrift mit ca. 7000 Zeichen auf dem dreisprachigen Stein von Rosetta vollständig entzifferte.

Im alten Ägypten glaubte man an ein Leben nach dem Tod. Wie bei allen Völkern und Religionen. Gab den Verstorbenen Speisen mit auf den Weg, aufbewahrt in beschrifteten Holzboxen. Blumen, ihr Herz zu erfreuen. Und alles Gerät, das sie auch im Leben brauchten. Alles dies bei Königen und Adligen in prächtig ausgemalten Felsengräbern. Die mächtigsten Könige in Pyramiden, Tempel mit schmalen Gängen und versiegelten Kammern. Alle sollten wissen, hier liegt einer, der nicht tot ist.

Vielleicht ist es die wenig bekannte Geschichte des jungen Pharao, die unsere Fantasie beflügelt. Dieses begonnene Leben, von dem man nur weiß, es endete viel zu früh, erlebte keine Höhepunkte. Vollbrachte keine großen Taten wie seine Vorgänger, zugunsten eines ständig wachsenden Reiches. Außer variantenreichen Lobgesängen auf die göttliche Person kein Hinweis auf Resultate seines Handelns. Nur Spekulationen. Mich hat das Gesicht beeindruckt.

Dieses Kindergesicht mit gleichsam erstarrten Augen. Fixiert am Irgendwo. Lassen mich an frühmittelalterliche Skulpturen denken. Wie die goldene Madonna im Essener Münsterschatz. Dunkler Punkt im Augenweiß. Dunkelblaue Konturen aus Lapislazuli geben Augen und den lang gezogenen Brauen den typischen Charakter ägyptischer Gesichtskosmetik. Verstärken die Intensität des Blicks. Sieht geradeaus. Durch uns hindurch. Zum Ende des Lichtstrahls am Ende einer Zeit, die nach unserer kommt.

Der Blick Tutenchamuns gilt nicht uns, den Betrachtern. Die leichtfertig nur irgendwas nachplappern statt andächtig zu schweigen. Manche behaupten, dieses Gesicht sei das Resultat eines kosmetisch besessenen Bildhauers. Schön um den Preis der Genauigkeit. Was man auch denkt und herumrätselt:, es ist das Original, das Antlitz Tutenchamuns. So authentisch wie die Totenmasken aller Großen aus Wissenschaft, Kunst und Politik. Auch wenn sie nicht vergoldet sind. Die von Theodor Heuss zeigt einen, den alle kennen. Er ist es.

Tutenchamun im Alter von achtzehn Jahren. Die Wangen, die Nase jung und glatt, die Lippen prall und unverbraucht. Es mag ja sein, dass der Goldschmied die Maske ein wenig geschönt hat. Im Sinne der Harmonie vollendete. Er war schließlich sein König. So jung und schon tot. Die Nachwelt wird es ihm verziehen haben. Das junge, unschuldige Gesicht aber ist ihm glänzend gelungen. Mit allen Fragen, die es uns aufgibt.

Dieses Kindgesicht konnte noch nicht Ausdruck von Reife sein. Charakteristisches Merkmal eines, der ein Riesenreich durch Höhen und Tiefen geführt, innere und äußere Feinde besiegt hat. Nichts von allem hatte eine Falte in seinem Gesicht hinterlassen. Geschah wirklich nichts? Erledigte es der selbstherrliche Beamtenapparat? Oder ließ Aton, der alte Sonnengott, ihn aus Rache nicht zu Ruhm und Ehre kommen? Zorn von Göttern währet ewig.

Vater Echnaton hatte ihn zum beherrschenden Gott Ägyptens erkoren. Seinen Namen in den eigenen und den seines Sohnes integriert. Für alle erkennbar sind sie die Söhne Atons des höchsten neu auf die Altäre gehobenen Gottes. Mit der Sonne als Symbol für Licht und lebensspendende Wärme. Nach dem Tod des Vaters trat der Filius als Tut-ench-aton mit weniger als zehn Jahren die Nachfolge an. Nicht ahnend, was auf ihn zukam.

Für Eje war die Inthronisierung des Kindes eine Gelegenheit, seinen ehrgeizigen Zielen näher zu kommen. Dem hochrangigen Berater und potentiellen Nachfolger war der Atonglaube immer schon ein Ärgernis. Echnaton ein Ketzer. Jetzt hatte er einen willkommenen Anlass zuzupacken. Er wollte selbst auf den Thron. Was nach dem Gesetz möglich gewesen wäre, wenn es keinen Nachfolger gegeben hätte. Oder einen, der sich im Sinne der Staatsraison als unfähig erwies.

In den letzten Jahren führten Missernten zu Hunger und Unruhen. Eje streute Gerüchte ins Land, die Verehrung des falschen Gottes habe die Ernten verbrannt. Atonkult sei der Grund für Hunger und Leid der Bevölkerung. Behauptete die Clique um Eje und fand zahlreiche Anhänger bei den hungernden Menschen. Der junge König sollte als Personifizierung Atons in Misskredit gebracht werden. Unter Einsatz aller verfügbaren Tricks verunsichert und veranlasst, weg von Aton wieder zum alten Glauben zurückzukehren. Zu Amun, dem Gott der Fruchtbarkeit. Vielleicht verliert der Junge mit dem Namenswechsel seine Glaubwürdigkeit und gibt auf.

Haremhab, ein ihm wohl gesonnener Berater, offenbarte Tutenchamun die Absichten Ejes und riet ihm, Religion und gleich seinen Namen zu ändern. Ohne Zögern befahl er die Rückkehr Amuns im ganzen Land zu feiern. Als Tutenchamun machte er sich jetzt mit großem Vergnügen und jugendlichem Eifer daran, die neue Rolle als lebendes Symbol des alten Fruchtbarkeitsgottes zu spielen. Den vor der revolutionären

Tat seines Vaters Echnaton ganz Ägypten verehrte. Ließ verfallene Amuntempel restaurieren, neue errichten. Eje hatte keine Chancen mehr.

Pharaonen besaßen unbegrenzte Macht, Götter von den Altären zu stürzen oder neue zu etablieren. Wenn es ihnen gelang, Priester und den Hof zu überzeugen. Echnaton faszinierte die Sonne als eine lebensspendende Kraft. Die Allgegenwart des lichthellen und Wachstum fördernden Himmelskörpers konnte niemand ignorieren. Die Sonne war bis Tutenchamuns Thronbesteigung Symbol der neuen Religion. Sichtbar am ägyptischen Götterhimmel für jedermann. Skulpturen als Grabbeigaben zeigen den inzwischen gestorbenen Echnaton auf dem Sonnenwagen. Der ihn vom Reich der Lebenden ins Reich der Toten fährt. Noch in Tutenchamuns Grab überlebte eine Sonnenscheibe den Wechsel der Gottheit.

Was dem jungen Tutenchamun bei diesem sehr radikalen Systemwechsel durch den Kopf gegangen ist, sieht man seinem Gesicht nicht an. Könnte mir vorstellen, er war ein musischer Typ. Der lieber auf der Laute spielte als sich mit Beratern zu streiten. Lieber in Papyrosrollen stöberte. Von medizinischem Fortschritt und dem Lauf der Gestirne las als Truppenparaden abzunehmen. Vertraute kindlich seinen Beratern und Generälen, das Richtige zu tun. Im Garten wartete Anchesenamun, geliebte Halbschwester, seit kurzem seine Frau. Ehen von Geschwistern waren damals nicht ungewöhnlich bei Thronfolgern.

Sehe ich die dunklen Augen im dunkel umränderten Weiß verschwimmen, möchten meine Hände die noch kindlichen Wangen umfassen. Wie die eines Sohnes. Die weiche Haut aufnehmen in meine Handflächen. Die unschuldige Ahnungslosigkeit eines kaum Achtzehnjährigen am Ende seines Lebens spüren. Den das Reglement auf einen viel zu großen Thron gesetzt hatte. So schön das Möbel auch gestaltet ist.

Im dämmernden Licht konnten wir den aufwendig geschmückten Thronsessel bestaunen. Einen von sechs verschiedenen Typen, die ihm zur Auswahl mit ins Grab gegeben wurden. Er sollte nichts Gewohntes entbehren. Für die Repräsentation ein prächtiger Armsessel, wie alles königliche Gerät vergoldet. Ein Löwenkopf auf den Armlehnen da wo die Hände aufliegen. Die Rückenlehne, reliefartig geprägtes Leder, vergoldet und mit einem vielfarbigen Bildmotiv geschmückt.

Es zeigt Tutenchamun gekrönt und im festlichen Gewand auf seinem Thron. In trauter Zweisamkeit mit Anchesenamun, seiner Frau. Eindrucksvoll diese Pracht für ein Funktionsmöbel. Eindrucksvoll die vertrauliche Geste der Frau. Ihre Hand ruht auf seiner Schulter. Ihre Blicke hängen aneinander. Eine der seltenen Szenen in der darstellenden Kunst, die göttliche Majestäten privat miteinander zeigt. Menschen wie du und ich.

Wie komme ich dazu, von privater Beziehung zu reden? Kann doch nur aus der Haltung schließen, was sie möglicherweise bewegte. Zugegeben, es sind Vermutungen, Annahmen eines, der selber liebt und geliebt wird. Geschrieben steht nichts. Weder zu ihrer Zeit noch später.

Anders im Hohelied König Salomos, etwa dreihundert Jahre nach dem Ägypter. Für uns immer noch Altertum. Wir lesen von Liebenden, die sich verzehren, in der Hoffnung erhört zu werden. Von heißblütiger Erfüllung, nachträumenden Erinnerungen. Mit duftender Tinte geschriebene Verse. Jede Zeile übertrifft die vorige in der Schilderung der geliebten Person mit schwärmerischen Worten.

„Da der König um mich war, duftete meine Narde – Ein Strauß Myrrhe ist mein Liebster, der zärtlich mir – zwischen meinen Brüsten weilte er die Nacht.“

Es sind nur Worte, aber sie rufen spontan Bilder hervor in unserem Kopf. Realistische. Bilder von schönen Körpern, die einander lieben. Ich sehe sie im Garten lustwandeln, den Himmel darüber wie Glasglocke. Stelle mir ihre Gesichter vor. Die bronzefarbenen Wangen, gerahmt von schwarzem Haar. Die schmale, feingebogene Nase. Im Augenweiß glüht dunkel die Iris. Spiegelt das Licht des Himmels, Rot des Granatapfels. Blau der Hyazinthen vom letzten Abend miteinander. Orientalischer Traum. Der wirklich ist. Worte allein schaffen es, dass wir Gesichter sehen. Denen wir schon begegneten in Märchenbüchern, Kunstwerken und Filmen. Doch das Rätsel dahinter ahnen wir nur.

Vielleicht waren solche Verse en vogue damals. Und Salomo ließ sie sich gern vorlesen. Anlässe hatte er genug. Die Schriften übertreiben, wenn sie behaupten, er habe siebenhundert Frauen und dreihundert Nebenfrauen gehabt. Es werden zahlreiche gewesen sein, im Orient die Regel. Je höher die Stellung, desto mehr Frauen im Harem oder sonst einem Garten der Lüste. Sie beschäftigten ihn neben seinen Staatsgeschäften, dem Bau des ersten Tempels in Jerusalem.

Neue Forschungen ergaben, es sind nicht Lieder Salomos. Sondern Gedichte verschiedener israelitischer Dichter, die in einer Sammlung zusammengefasst weltberühmt wurden. Martin Luther übersetzte neben der Bibel auch diese wunderbaren Verse und gab dem Buch der Lieder den Titel ‚Das Hohe Lied Salomos'. So fanden und finden auch die Deutschen Zugang zu orientalischer Vers- und Liebeskunst.

Es ist eines jener Werke, die nur der Orient zustande bringt. Erzähler waren hoch angesehen im Volk. Worte statt Bilder, die später der Islam verbot. Bis heute haben Worte Macht. Erzeugen zwangsläufig Bilder in den Köpfen der Zuhörer. Vom besseren Leben. Es treibt sie zu Protesten auf die Straße. Aufgeheizt von Bildern im Internet neuerdings. Die Islamisten verbieten wollen, aber nicht mehr können. Weil sie Freiheit versprechen.

Konkretes Anschauungsmaterial aus Zeiten lange bevor es das Internet gab finden wir bei den Künstlern der Renaissance. Salomos Begegnung mit der Königin von Saba ist eines der eindrucksvollsten Motive. Im Fresco des Piero della Francesca in San Francesco, Arezzo. Im Relief auf der Bronzetür des Baptisteriums in Florenz von Lorenzo Ghiberti. Beides im typischen Stil der Renaissance. Alles ist Gestus, Szene, die Gesichter nur angedeutet. Nicht so wichtig?

Tutenchamun lässt mich nicht los. Nichts über seine Rolle als Ehemann ist bekannt. Und dennoch möchte ich dem jungen Mann abnehmen, dass er für sein Liebstes alles tat. Wie jeder frisch Verheiratete damals und heute. Stelle mir vor, beide spielten gerne mit dem Ball. Weil sie es liebte. Eigentlich nur unter Mädchen üblicher Zeitvertreib. Er führte Anchesenamun zum Tanz. In der nahen Stadt spielte eine Mädchenband. Auf Wandbildern sieht man die Schönen Harfe spielen, Schalmei, Flöte. Den unentbehrlichen Rhythmus erzeugen andere mit Klangkörpern, Trommel, Tamburin, Kastagnetten. Muss das eine Stimmung gewesen sein. Stelle mir vor, Tut danach Arm in Arm mit ihr nachhause. Schrieb ihr am selben Abend noch ein gefühlvolles Gedicht. Wie ich der meinigen. Schlief mit ihr und weckte sie am anderen Morgen mit Kuss und einem frisch gepressten Mangosaft. Wie ich die meinige. Soweit meine ganz subjektive Sicht.

Kann aber auch sein, dass es ganz anders zuging. Ohne orientalischen Zauber, den unsere Fantasie hinzu schwindelt. Tutenchamun, so hieß er noch nicht lange, ein Schnösel. Hopste frühreif von einem Vergnügen zum anderen. Mit seiner Frau, meist ohne. Zur Großwildjagd mit Trinkgelage hinterher. Bogenschießen gern. Mit dem Stock fechten am liebsten. Ähnelt unserem Säbelfechten. Fische stechen im Nil. Schwimmen überhaupt nicht gern. Das Pflichtfach bei der Erziehung am Hof war kein Vergnügen. Gelegentlich ärgerte er die Priester, indem er ihnen bei Gottesdiensten Kokosnüsse vor die Füße warf. Etliche Krüge Bier haben ihn nicht selten seine Herkunft vergessen lassen. Trank den allseits beliebten Gerstensaft mit Gleichaltrigen. Seine Art von Protest gegen die strenge Etikette am Königshof.

Eher aber ist anzunehmen, dass er die traditionellen Rituale einhalten musste. Vielleicht sogar einen Aufpasser hatte. Noch in den ersten Jahren seiner Regierungszeit. Er hatte zu lernen, wie man sich als König benimmt. Mehr noch: Sohn Gottes zu sein. Im Kopf Frieden und Wohlstand für sein Land. Private Bedürfnisse nicht in der Öffentlichkeit befriedigen. Ein Pharao stand für das Gleichgewicht der Welt. Dieser jahrtausendelang gepflegte Kult in Ägypten verlangte Aufgabe seines Selbst. Nur Gott sein. Die Arbeit machten Beamtenapparat und Generäle.

So könnte er sich wie im Käfig gefühlt haben. Beobachtet, gegängelt, gefüttert mit Sprüchen. Es tröstete ihn wenig, dass es ein goldener war. Mit der Zeit aber genoss er es, dass der Apparat spurte, wenn er Anweisungen gab. Alle nach seiner Pfeife zu tanzen schienen. Pharao ist Pharao. Doch er war nur das glänzende

Aushängeschild. Hinter dem der Beamtenapparat seine offiziellen und privaten Geschäfte betrieb. Wäre er lieber ein Junge gewesen wie andere? Die davon träumen, alles besser zu machen als die anderen vor ihm?

Er blieb bei Bier. Was nicht auffiel. Denn Gerstensaft war dass beliebteste Getränk in Ägypten. Auch am Hofe. Wo hingegen die Oberschicht in der Regel Wein trank. Jeder Adelige, der etwas auf sich hielt, besaß einen Weinberg im Niltal oder einer Oase. In vielen Gräbern erhaltene Wandbilder zeigen Arbeiter im Weinberg und beim Abfüllen in Amphoren. Im Grab Tutenchamuns fand man Krüge mit getrockneten Resten. Analysierte sie als Wein. Von einem hinein geschmuggelt, der seine Trinkgewohnheiten nicht kannte? Oder ihn zwingen wollte, wenigstens auf seiner Reise ins Jenseits Wein zu trinken? Die Grabforscher jedenfalls freuten sich, nicht nur roten, auch weißen Wein analysieren zu können. Noch spannender die Entdeckung beschrifteter Krüge. Auf Krug 571 z.B. steht: Süßwein des Hauses Aton aus Karet, Kellermeister Ramosis.

Nicht lange nach seiner Inthronisierung werden das Amt und der mächtige Hof Tutenchamun verpflichtet haben, streng und konsequent zu sein. Sich gottähnlich zu verhalten. Was immer er auch tat oder tun ließ. Unzählige Grabbeigaben zeigen den König in vielen Funktionen und Situationen. Als Herrn aller Dinge. Die Tätigkeit ist wichtig, nicht das Gesicht.

Einzig die goldene Totenmaske zeigt es groß. Entdeckt uns Lippen eines Mannes, die scheinbar alles vorgenannte Lügen strafen. Kindlicher kann niemand aussehen. Unfähig jeder bösen Absicht. Stelle mir vor, solche blutvollen Lippen erteilten nicht nur Befehle. Sondern konnten auch herzhaft küssen. Vorausgesetzt er nahm vorher die störende Manneszierde ab. Der Bart ein künstlicher. Aus feinen Frauenhaaren eng geflochten und mit Bienenwachs gefestigt. Eine Schnur hinter den Ohren hielt ihn da, wo er hin gehörte. Kosmetisch aufbereitetes Symbol, den Göttern vorbehalten. Anchesenamun kann man nach den näheren Umständen nicht fragen. Belege gibt es nicht. Wieder so ein Rätsel.

Ein Wort zur Regierungsfähigkeit. Mächtig im Sinne des Wortes waren Djoser, Cheops, Tutmosis. Unter seinem vergnügungssüchtigen Vater Echnaton verfiel das Reich. Dem jungen, unerfahrenen Tutenchamun blieben knapp zehn Jahre Regierungszeit und der Ruhm des Spätentdeckten. Eines, der erst ein Mann werden musste. Von dem keine Heldentaten bekannt sind. Der nicht viel Wesen von sich machte. Sonst wüssten wir´s. Ungewollt wurde er der Interessanteste für die Nachwelt. Für alle, die neugierig oder staunend dieses schöne, klare, aber doch rätselhafte Gesicht betrachten. Das nur ausdrückt, was wir hinein interpretieren.

Gleich, ob man das Original im Museum von Kairo, die Abbildung in einem von ungezählten Bildbänden, auf Postkarten betrachtet. Die Nachbildung aus dem Museumsshop. In Fotoalben oder auf der Leinwand von Ägyptenreisenden daheim. Immer wieder frage ich mich, wer war er wohl? Der junge König als Herrscher, als Mensch in einem Land, dessen letzte Geheimnisse noch in steinreicher Erde schlummern?

Frage mich zum Beispiel, welches Durchsetzungsvermögen konnte er als Heranwachsender haben gegenüber Priestern und Generälen? Reichte es, König zu sein? Und ihre Ratschläge nur durchzuwinken? Wissend, er kann sie nicht ändern. Besaß er soziales Empfinden gegenüber der Masse seiner Landsleute damals? Wie Narmer etwa anderthalbtausend Jahre früher. Der mit der Eroberung des fruchtbaren Nildeltas Hungersnot beseitigte. Von Tutenchamun ist nicht überliefert, ob er die Bildung förderte, die Künste, den Sport. Was er unternahm, die sonnenverbrannte Erde bei Regierungsantritt als Tutenchamun wieder fruchtbar zu machen. Sein Antlitz ist das eines Engels. Fragen über Fragen. Und keine Antworten. Schweigen.

Gerade deswegen beschäftigt Tutenchamun auch die kritische Archäologie unausgesetzt bis heute. Ihre Ergebnisse brachten schon interessante Aufschlüsse. Aber noch ist nicht alles geklärt. Bisher nicht gestellte Fragen lassen die Antworten im Wüstensand. Ich habe den Eindruck, die ungelösten Rätsel hinter der schönen Fassade des jugendlichen Herrschers sind und bleiben ein Teil des Phänomens, das Tutenchamun heißt. Zum Nutzen der forschenden Zunft in den kommenden Jahrzehnten.

Der Korpus im Sarkophag behielt dank erprobter Methoden des Einbalsamierens lange sein ansehnliches Äußere. Obwohl ihn vor Carter niemand sah. Grabräuber interessierten sich schon bald nach der Grablegung nur für die goldenen Beigaben in den ersten Kammern des Grabes. Die mit tausenden Objekten lockten und leicht zu versilbern waren.

Carter erblickte nach Öffnung des Quarzitsarkophages und Abnahme der Maske ein Gesicht, das nicht mehr viel von einem Gesicht hatte. Möglicherweise zerstörte es ein Brand. Balsamöle könnten sich selbst entzündet haben. Im Gegensatz dazu ist die Mumie Ramses´ II gut erhalten. Erhalten sind auch die beiden mumifizierten Föten, Kinder Tutenchamuns. DNA-Analysen bestätigen es. Sonst weiß man nichts von seinem Privatleben.

Über Nofretete weiß man alles. Sie war die Frau seines Vaters Echnaton, aber nicht seine Mutter. Gebar ihm sechs Halbgeschwister, die nicht gefunden wurden. Nofretete aber hat als Kunstwerk alle Zeitgenossen übertroffen. Das Portrait einer Königin, der schönsten Frau des alten Ägypten. Legt man heutige Maßstäbe an. Ebenmäßig, stolz, beneidenswert gelassen trotz eines fehlenden Auges.

Im Berliner Museum empfängt sie oberhalb der letzten Stufe einer Treppe die Heerscharen ihrer Bewunderer. Überirdisch, nicht nur rätselhaft schön wie Mona Lisa, die Konkurrentin im Louvre, Paris. Alle wissen, dies Bild ist von Leonardo Da Vinci. Nach dem Bildhauer der Nofretete fragt niemand. Wozu auch? Hat je einer gefragt, wer Gott geschaffen hat?

Als ich mit der Kamera vor der Goldmaske Tutenchamuns stand, war Mittagszeit. Die Wächter im staatlichen Museum von Kairo eingenickt. Welche Chance. Ging näher heran. So nahe, bis meine Nase an den Glaskasten stuppte, hinter dem dieses überirdische Etwas auf mich zu warten schien. Schimmerte entgegenkommenderweise heller als sonst, kam mir vor. Von einem schwachen Spotlicht herausgehoben aus dunkel dämmerndem Raum. Ich stand und stand und traute mich nicht zu knipsen. Lauerte auf den Wärter seitab. Ob er jetzt aufwacht? Mich vertreibt? Fotografieren verboten?

Meine alte Nikon-Kamera brauchte Ruhe und Genauigkeit beim Einstellen von Belichtungszeit und Blende. Bloß nicht wackeln! Stativ zu auffällig für den geplanten Schnappschuss. Aus der Hüfte heraus sozusagen wollte ich schießen. Rasch, damit es keiner verbieten kann. Was ich im Kasten habe, kann mir nicht mehr genommen werden. Aufgeregt schon. Meine Rose abseits bei den überdimensionalen Armana-Skulpturen. Sie interessierte sich schon immer für Größe. Jetzt, jetzt schieß Otto. Noch ein Auge auf den Wachmann.

Los jetzt, ohne Blitz, damit es so natürlich wirkt wie möglich. Einmal, zweimal, ausgelöst. Ein drittes Mal mit veränderter Blende. Zehntelsekunde frei aus der Hand. Ob es was geworden ist? Drei Wochen später Tutenchanun im Dia. Das Gesicht. Auf der Leinwand riesengroß. Scharf bis in die Details. Die Trophäe einer Reise: ein Gesicht, eine fremde Welt, ein viel zu jung gestorbener Mensch. Ein Gott für Kunstgläubige. Für mich eines der Gesichter, die mich reizen, weiter zu forschen, nachzudenken. Dankbar, dass hinter allen Fassaden immer noch ungelöste Rätsel lauern. Oder sind es schlichtweg nur Fragen, die keine Antwort haben?

Letzte Meldung: Der Ägyptologe Nicholas Reeves untersuchte die Gruft Tutenchamuns in neuer 3-D-Technik. Es könnte sein, dass Nofretete dort begraben ist. Sie soll nicht Tuts Mutter sein, sondern Kirja, Echnatons Nebenfrau. Nofretete konnte keinen männlichen Nachfolger gebären. Ägyptologen sind neugierig. Die Regierung verbietet die Wand zur Nebenkammer zu durchbrechen. Die schönen Fresken könnten beschädigt werden.

Teje, Tutenchamuns Großmutter

Ein Stück Holz mit tausend Spuren. Eines, das mich sofort fesselte. Das eindrucksvollste Gesicht Ägyptens, finde ich. Das der Königin Teje, der Großmutter Tutenchamuns. Auch fotografiert. Sonst wäre es nicht in diesem Buch. Eines, das mich faszinierte, weil es anders ist. Alle Gesichter sind anders und doch auf eine gewisse Weise gleich. Wie die der Heiligen auf barocken Gesimsen.

Die unüberschaubare Masse an Statuen im Museum, stehenden, sitzenden, liegenden mit ihren Köpfen wie in einem Warenhaus. Meine Kamera ist eigensinnig. Fordert mich auf, auf jedes Objekt einzugehen. Zwingt mich, Zeit zu haben. Lasse mich ein. Bei wenigen. Tutenchamun, den größten habe ich fotografiert. Andere folgten, sofern es hell genug war. Dann diese Teje.

Nichts anderes als ein Stück altes Holz mit Resten von Gold. Warum dieses Gesicht? Andere, schönere in Fülle ringsum. Auch von Teje. Das aus Holz fasziniert mich. Wie alles Gewachsene, Altgewordene. Ein Stück Holz mit tausend Spuren. Aus welchem Stamm wurde es wohl geschnitzt? Lese, in Ägypten war Holz ein wertvolles Baumaterial. Und Werkstoff für bildende Künstler. Aber bevor man es nutzen konnte, musste es erst einmal wachsen.

Ägypter pflanzten Bäume, um Material für Bauten, Möbel und Kunstwerke zu haben. In erster Linie aber, weil sie von ihren Früchten lebten. Von süßen Datteln und Feigen. Im Erfinden fruchtiger Speisen waren sie Meister. Ägyptenreisende schwärmen noch lange von Lammgerichten mit gedünsteten Feigen, kandierten Datteln. Nur sechsundert Kilometer nah auf der Insel Föhr überraschten uns im Gasthof ‚Altes Pastorat' original ägyptische Gerichte. Der Ägypter Il Dessuki, Pächter und Koch, erinnerte unsere verwöhnten Zungen und schwärmenden Gemüter an die Nilreise im Jahr zuvor. In seinem Garten fächern zwei Tamariskenbäume Wolken von Rosa in die Luft.

Bäume, die wir auch in Ägypten sahen. Werden besonders in Wüsten und wüstenähnlichen Gegenden angepflanzt. Weil sie dem Boden das Salz entziehen. Ihn damit geeignet machen für den Anbau von Mais und anderen Feldfrüchten. Erst kürzlich bestätigte der chinesische Tamariskenforscher Liu Minghin in langen Forschungsreihen diese wichtige Eigenschaft für landwirtschaftliche Entwicklungen in Wüstengebieten.

Man spricht von fünfzig bis neunzig Tamarisken-Arten. Eine ist besonders interessant. Die Manna-Tamariske. Zerbeißen Schildläuse ihre Rinde, bildet sich Manna. Ein süßlich schmeckender Saft. Erinnere altes Testament. Manna fiel vom Himmel und ernährte die hungernden Israeliten. Sie glaubten, Gott habe es vom

Himmel regnen lassen. Dabei war es die Schildlaus, die lausige.

Tamarisken erreichen eine Höhe von zehn Metern. In ihrem Schatten feierten die alte Ägypter Gastmähler. Pflanzten sie rund um Gräber. Glaubten, in ihren Zweigen halte sich Osiris auf. Gott und Richter über die Toten. In den Sargtexten identifizierten sich die Verstorbenen mit Osiris. Ließen auf den Innenwänden ihres Sarges die Geschichte seiner Einbalsamierung und Wiederauferstehung ausführlich beschreiben. Hofften, dass ihnen dadurch Gleiches widerfahre.

Man fand Särge aus dem Holz von Tamarisken. Aber auch Statuen. Weiß ich jetzt, aus welchem Holz Tuts Großmutter geschnitzt ist? Bevor ich von anderen Hölzern erfahre. Von der Esche zum Beispiel. Dieses Material eignete sich gut zur Herstellung von elastischen Bögen, damals Sportgerät und wirksame Waffe in Kriegen. Akazien für den Bau kleiner Boote. Für seetüchtige Schiffe importierte man das Holz von Zedern aus dem Libanon. Jeder kennt die majestätische Libanonzeder in unseren Parkanlagen. Darin steckt viel Holz.

Auch verwendet für Särge der Vornehmen. Indem man dünne Bretter zu Schichtholzplatten verleimte. Um Stabilität und Resistenz des Sarges gegen Feuchtigkeit zu erhöhen. Das erste Sperrholz der Geschichte. In der Stufenpyramide des Djoser in Saqqâra fand man Fragmente eines Sarges aus Schichtholz.

Die Akazie war der mengenmäßig größte Holzlieferant im alten Ägypten. Ideales Nutzholz für die Herstellung von Möbeln und häuslichem Gerät. Knapp gefolgt vom Maulbeerbaum oder Sykomore. Sein ungewöhnlich dicker Stamm machte den Anbau rentabel. Jeden Garten schmückte ein Maulbeerbaum. Große Grundbesitzer legten regelrechte Plantagen an mit dem sogenannten Obst- und Schattenbaum. Milchsaft und Früchte dienten der Nahrung und waren gefragte Heilmittel. Aus dem Holz schreinerte man Betten, Sitzmöbel und Truhen. Verständlich, dass man den Maulbeerbaum bei soviel Nutzen als Himmelsbaum verehrte.

Aus welchem Holz ist die Büste der Königin Teje geschnitzt? Sicher weiß es die Wissenschaft. Für meine Betrachtung ist es unwichtig zu wissen. Meine Frage ist, wie kam dieses Kunstwerk zustande? Rätselhaft Geburt und Werdegang eines Stückes Holz. Eines Werkstoffs, der alles möglich macht und nichts vergisst. Geduld und Fingerspitzengefühl des Künstlers, ein wachsames Auge, Zorn, Zweifel. Den kleinsten Fehler. Was dachte er bei der Arbeit? Es muss einer der Besten gewesen sein. Hätte ihm sonst der Wesir, höchster Verwaltungsbeamter am Hof, den Auftrag erteilt?

Der Schnitzkünstler unbekannt, nenne ihn Kaya. Er besuchte zuerst die Königin. Der Wesir gestattete ihm eine Stunde, sich ein Bild von ihr zu machen. Damit das Werk später dem Original möglichst zum Verwechseln ähnlich sieht. Als man ihn durch eine schier endlos lange Flucht hoher Hallen in ihr Gemach führte, schlotterten ihm die Knie. Soviel Vornehmheit hatte er sich nicht vorgestellt. In die Kalksteinwände rechts und links Reliefs geschnitten. Mit Göttersymbolen und ihrer Personifizierung den Königen. In kräftigen Farben. Dazwischen, darüber, darunter, daneben erzählen Massen vergoldeter Hieroglyphen von beiden und ihren Taten. Fest angestellte Schreiber waren hohe Beamte am Hofe. Dokumentierten alles und jedes für kommende Generationen. Ihre Hieroglyphen waren Vorlagen für Maler und Steinschneider. Unlesbar für Analphabeten, das gemeine Volk. Aber Achtung gebietend.

Tönerne Kübel mit niedrigen Fächerpalmen an jedem Durchgang. Und ein Posten. Wenn man es nicht besser wüsste, hielte man sie für Prinzen. So prächtige Kleider trugen sie. Unserem Bildschnitzer war, als müsste er vor jedem auf die Knie fallen. Wie erst musste die Königin auf ihn wirken?

Aufgeregt betrat er ihr Kabinett. Kleiner, intimer der Raum als die vorigen. Die Wände zur Hälfte mit resedafarbenen Flachsstoffen behängt, die das Weiche betonten der Frau. Da saß sie nun vor ihm. Im leichten Sommergewand. Leger auf einem resedafarben gepolsterten Hocker. Die Beine übereinander geschlagen. Dass ihre Knie durch den Stoff schimmerten. Lächelte ihn an: „Sie sind also der Künstler, der ein Portrait von mir machen will? Sitze ich richtig im Licht? Wie lange dauert es, mein Lieber? Ich habe die letzte Nacht schlecht geschlafen."

Der Bildschnitzer fast erschrocken von so viel Vertrautheit, so wenig königlicher Distanz. Direkt, als wären sie Freunde. Wie ein Objekt am falschen Platz wirkte der königliche Kopfschmuck. Stirnreif und kunstreich plissiertes Kopftuch, der Chat. Ihre Zofe hatte sich heute besondere Mühe gegeben. Als ginge es zu einer Hochzeit. Wie vor einem Jahrzehnt. Als Amenophis III Teje, eine bürgerliche, aus Liebe heiratete. Inzwischen ist Echnaton, ihr Sohn bereits aus den Kinderschuhen heraus. Nicht lange und er wird Vater des berühmten Tutenchamun. Und Teje dessen Großmutter. Klingt privat und hausmütterlich. In Wahrheit aber war sie zu ihrer Zeit die einflussreichste Frau Ägyptens. Spielte mit bei allen wichtigen Entscheidungen. Krieg und Frieden waren abhängig von ihrem Votum. Mit Chat, dem alltäglichen Herrschaftssymbol der Königinnen auf dem Kopf sollte sie nun portraitiert werden.

Einzelheiten kannte der Bildschnitzer nicht. So wenig wie das allgemeine Volk. Sah ihr aber an, dass sie bei aller Lockerheit Königin war. Er dämpfte seine Stimme respektvoll: „Hoheit, erlauben Sie mir zu antworten. Das Licht ist fast ideal. Auf der Seite, die die schöne Biegung Ihrer Wangen vorteilhaft erhellt". Schluckte ein wenig ob seines Mutes, so frei heraus zu reden. „Wenn Sie sich ein wenig nach links drehen könnten?" Kaum ausgesprochen saß sie so, wie er es wollte. Sie pariert aufs Wort, dachte er. Und fühlte sich schon sicherer. „In einer knappen Stunde bin ich fertig."

Klappte ein hochbeiniges Arbeitstischchen auf, das er mitgebracht hatte. Er wollte keine Skizzen machen, Varianten ausprobieren, wie er es üblicherweise machte. Zweidimensional Schwarz auf Weiß. Nahm einen Klumpen weichen Tons aus dem Beutel, seiner Sache sicher. Und begann zu formen. Drei Dimensionen wie in Natura. Nur kleiner. Die Stunde war noch nicht um, das Modell in Ton und ein paar Detailskizzen fertig.

Teje hatte jede Bewegung seiner formenden Finger verfolgt. Gesehen, wie ihr Ebenbild entstand. Erhob sich, um es von Nahem zu betrachten. „Geschmeichelt, mein Lieber. Schlanker als ich bin. Gefällt mir. Wie groß wird das Original?" „Die Elle eines Kindes in der Höhe, Hoheit, wenn´s Ihnen recht ist." Es sollte eines von mehreren Portraits in ihrer späteren Grabkammer werden.

„Bis wann?" Wieder musste er schlucken. Überlegte rasch, raffte allen Mut zusammen: „Ihre Hoheit wollen doch ein getreues Abbild Ihrer Hoheit. Qualität braucht Zeit. Denken Sie an die wunderbare Sphingen-Allee in Luxor. Acht Jahre brauchten sie damals." Schluckte. Teje: „Mir sind acht Wochen recht. Dir auch, hoffe ich".

Ihr Lob beschleunigte seine Schritte zum Holzhandel. Einen, von dem er wusste, dass seine Ware von bester Qualität ist. Aber Qualität ist nicht gleich Qualität. Es musste schon ein besonderes Holz sein. Das dem Rang des Auftraggebers entspricht. Und zum

Schnitzen geeignet. Für seine Königin das Beste. Was heißt das? Es musste kurzfaserig sein, um alle Feinheiten des Gesichts herausholen zu können. Ohne dass es spleist und splittert. Und von kernig dichtem Zellgewebe, damit es Jahrtausende überdauert.

In Ägypten dachte man in Ewigkeiten. Er suchte und fand Passendes. Balken aus dem Kernholz der Bäume geschnitten. Für das geplante Volumen seiner Büste. Knapp zwei Handspannen im Quadrat. Entdeckte Esche, Akazie, Tamariske, Maulbeerbaum. Drehte sie um und betrachtete sie von allen Seiten. Roch an ihnen. Schnitt einen Streifen ab, die Schnitzfähigkeit zu testen. Strich nochmals darüber mit wissender Hand. Fühlte die Masse dahinter, den festen Kern des Holzes. Flüsterte ihre Namen, als betete er zu Göttern. Die Tamariske ist es. Fest unter seinem Griff. Spürte Entgegenkommen in seinen Fingern. Hörte die Stimme Osiris: „Nimm die."

Jeder, der ihre rosigen Blütenwolken einmal gesehen hat, weiß: das richtige für eine Königin. Er ließ sich den ganzen ausgewählten Balken liefern. Obwohl ihm ein halber Meter genügt hätte. Plötzlich unsicher, ob ihm das Bildnis Tejes auf Anhieb gelingt.

Zuvor noch prüfte er seine Werkzeuge. Ein neuer Beitel sollte her. Riskierte einen mit eiserner Klinge. Erster Versuch einer Kupferhütte, die er sehr schätzte. Eisen soll härter sein, vor allem länger scharf bleiben. Nicht lange, und das Nebenprodukt bei der Schmelze von Kupfererzen wird die Bronze ablösen. Die anderen Werkzeuge traditionell aus legiertem Kupfer und Zinn. Säge, Meißel und Dechsel zum Glätten konnte er leicht selbst nachschleifen und schärfen. Ließ sich Zeit. Dachte, nur wenn ich gut ausgeruht bin, gelingt das Werk. Dabei plagte ihn Unsicherheit, Teje im Kopf. Nahm sich vor, Schritt für Schritt vorzugehen. Und dumme Gedanken zu verdrängen.

Sägte eine Ellenlänge ab. Klemmte das Holzstück in eine Art Schraubstock. Mit der flachen Seite nach vorn. Hockte sich davor, als verehre er eine Unsichtbare. Suchte mit kritischem Blick die Stelle, an der er am besten beginnen könnte. Entschloss sich, im unteren Drittel mit der Säge rechts und links überflüssige Masse aus dem Stück herauszuschneiden. Genau da, wo unter dem Kinn der Hals in den Sockel übergeht. Mit dem Messer wäre es viel mühsamer gewesen. Schnitt mit dem gebogenen Messer die Kanten weg. Erste Rundung zeigt sich. Vorsicht, nicht zu viel. Was weg ist, ist weg. Darüber der Kopf noch ein grober Stumpen. Das Gesicht nur eine Idee in seinem Kopf.

Womit beginne ich? Fragte er sich. Das Tonmodell betrachtend. Freue mich, dass Hoheit mein schmaleres Gesicht gut fand. Automatisch fasste seine Linke das Stecheisen fester. Die Rechte den Holzhammer. Jetzt darf nichts schiefgehen. Die Späne lösten sich unter den Schlägen, fielen herunter. Einer nach dem anderen. Wie Gedanken fallen, die gedacht sind, fiel ihm ein. Schnitt weiter, bis die grobe Form sich bildete. Von der Schläfe entlang der Wange bis an das Kinn. Auf der anderen Seite ebenso. Glättete die Flächen mit einem gebogenen Messer. Ihm war, als streichelte er sie. Sanft, so unendlich sanft, doch auch kraftvoll und genau wie dieses Messer entlang der Haut. Verfolgte diesen Gedanken, bis ihm schwindelte.

Reiss´ dich zusammen, befahl er sich. Wieder ganz ernsthafter Künstler. Konzentriert und kritisch. Fand, die Grundform des Gesichtes stimmt schon mal. Vorsichtig arbeitete er weiter. Kennzeichnete die Unterkante des Stirnreifs mit einem langen Schnitt. Den vorderen Rand des Kopftuches rechts und links, die Umrisse der Ohren. Alles Obenherum ist später dran.

Das Gesicht ist Mitte und Blickpunkt eines Portraits. Wichtig und schwierig genug. Schob die Klinge flach ins Holz, dass eine niedrige Stirn blieb bis dahin, wo die Brauen beginnen sollen. Schnitt eine gebogene Rinne, rechts und links bis zu den Schläfen. Nach der Vorlage in Ton. Kratzte sie sauber. Ebenso Vertiefungen um die ein wenig schräg gestellten Augen. In jede wird er später Saphire einsetzen. Freundlicher der Blick als mit dem dunkelblauen Lapislazuli bei Königen. Beides betont die göttlichen Augen. Bei Portraits von Königen und Königinnen charakteristisches Merkmal. Noch aber ist es nicht so weit.

Alle Generationen Ägyptens legten größten Wert darauf, ihre Augen zu schminken. Und gut zu duften.

Mit dunklen Strichen umrandeten sie die Augen, zogen Linien von Augen und Brauen bis zu den Schläfen.

Künstler veredelten Augen und Brauen ihrer Skulpturen von Königen und Königinnen mit Lapislazuli oder anderen Edelsteinen. Normale Menschen mischten pulverisierte anthrazitfarbene Kohle, Blei, Eisen, Mangan und Kupfer. Rührte alles im Topf mit Tierfetten oder Pflanzenöl flüssig. Auftrag mit Pinsel oder Hölzchen kein Problem. Die Mixtur wirkte entzündungshemmend. Schmückte und schützte gleichzeitig vor Infektionen. Augenkrankheiten im feuchtheißen Klima waren unvermeidlich.

Auch der Augapfel, später geweißt, braucht in seiner Mitte eine Vertiefung für die Iris. In die er einen passend geschnittenen Bergkristall oder den etwas dunkleren Achat einlassen wird. Will beide ausprobieren. Für den Schöngeist nicht befriedigend, diese Löcher. Er kannte die Bräuche und tröstete sich mit dem Gedanken an das Endprodukt. Ging, trank einen Krug Bier und legte sich hin.

Träumte von einer Frau, die Teje verdammt ähnlich sah. Wachte auf und fragte sich: wo bin ich? Die Werkstatt wie immer. Seine Frau auf dem Feld mit den Kindern. Hoffentlich kocht sie mir ein gutes Abendessen. Habe Lust auf einen Buntbarsch im Lauchbett. Brauche jede Menge Eiweiß. Für Konzentration und eine ruhige Hand.

Als er Tage später die Wangen modellierte, die von Natur aus breite Nase aus dem Block herausarbeitete, dachte er: Ob sie weniger hübsch ist, wenn sie Schnupfen hat? Und gab sich Mühe, das Riechorgan ein bisschen feiner zu schnitzen als es von Natur aus war. Angepasst dem schmaleren Gesicht im Tonmodell. Das ihre Hoheit abgesegnet hatte. Ob sie merkt, dass ich ein bisschen gemogelt habe, zu ihren Gunsten?

Er machte eine Pause. Hatte die Absicht am folgenden Tag mit den Lippen zu beginnen. Traute sich nicht anzufangen, dachte er an Teje. Diese vollen Lippen laden zum Küssen ein. Schon beim Modellieren in Ton juckte es ihn, mit dem Hölzchen zärtlich darüber hin zu streichen. Länger auf den Lippen zu verharren als nötig. Zu verführerisch dieser schmollende Mund. Warum muss diese reife Frau so schön sein wie eine junge? Für wen? Amenophis hat sie lange genug genossen. Alle Männer lieben schöne Frauen. Besonders die sie in ein Kunstwerk verwandeln, wie er. Bedauerte sich und legte den Stichel zur Seite. Morgen ist auch noch ein Tag. Unter der Nase blieb das Holz, was es war. Nackt, unbearbeitet. Lippenlos. Blieb so eine volle Woche.

Immer wieder träumte er von den Lippen. Die den leidenschaftlichen Schwung Afrikas haben. Seine Frau fragte sich, warum küsst er mich nicht mehr vor dem Einschlafen? Ein Tag verging, ein zweiter, ein dritter. Trank Bier und noch ein Bier. Schlich um den Torso im Schraubstock. Küsste die Stelle unter der Nase. Fanta-

sierte die Lippen kämen ihm entgegen. Wie durch ein Wunder. Aber das Holz blieb hart. Wartete auf sein Messer. In seinem Kopf tobte das Problem. Sollte ihm das Eisen ein Minimum zu hoch, zu tief rutschen, waren die Lippen nicht mehr ihre Lippen. Alles für die Katz. Lippen sind das Schwierigste für Schnitzer. Ließ noch eine Nacht verstreichen.

Diesmal schlief er traumlos. Reckte die ausgeschlafenen Glieder, tatendurstig. Ein Schluck vom Tee, ein Biss ins Brot, im Sturmschritt zur Werkstatt. Ergriff das feinste Messer. Das mit der angeschrägten Bronzeklinge. Schärfte sie und strich mit dem Finger die Schneide entlang. Fühlte nicht den geringsten Grat. Holte tief Luft und begann.

Formte die Umrisse des Mundes. Konzentrierte sich darauf, ihn ein Minimum lächeln zu lassen, die Mundwinkel leicht anzuheben. Schnitt dann mit dem scharfen Instrument den aufsteigenden Bogen der Oberlippe. Bis zur Mitte. Setzte eine Vertiefung, sodass sich zwei Lippenhälften ergaben. Gut so, dachte er befriedigt. Schnitt weiter. Einen winzigen Augenblick unkonzentriert. Rutschte ab, wie befürchtet. Unter der Klinge schälte sich ein Span und fiel herunter. Der linke Lippenbogen nur noch angedeutet. Nubiens Oberlippenschwung, den er so liebte, weggeschnitten. Nichts ersetzt ihn mehr. Es sei denn er fängt wieder ganz von vorne an.

Wie in Trance vollendete er die Unterlippe. Kopfschmerz stellte sich ein. Die Gedanken ein Karussell laut schreiender Kinder. Keine Lust, die ganze Prozedur noch einmal durchzumachen. Es würde nicht besser werden. In seiner jetzigen Verfassung. Oder gibt es einen Ausweg?

Ja. Vielleicht merkt sie es gar nicht. Hält es für künstlerische Freiheit. Kann auch sein, sie freut sich. Kosmetische Lippenkorrekturen sind in Mode. Erleichtert lässt er das, was fertig sein sollte so wie es jetzt ist. Korrigiert noch die rechte Lippenhälfte. Passte sie der verunglückten linken an. Resümierte: dieses Gesicht ist Tejas Gesicht. Ich erkenne es wieder.

Nahm Abstand, verglich es mit dem Tonmodell. Reduzierte die erhobenen Mundwinkel wieder. Ernster jetzt und majestätischer, denkt er. Besser so. Eine Königin ist keine Jahrmarktsfigur. Alles andere hat jetzt Zeit. Er lässt sich Zeit. Eine Woche, eine zweite, dritte. Die Hälfte der Zeit, die Teje ihm vorgegeben hatte, verstrich. Er hatte kein schlechtes Gefühl mehr. Stirnreif, Chat und abschließende Veredlung Routine. Dachte er. Dachte er.

Erstes Problem Uräus, die Schlange am Stirnreif. Altägyptisches Symbol der Königswürde. Der Name Uräus kommt von „Uaret“ sich aufbäumen. Die sich aufbäumende, Backen blähende, Gift sprühende Kobra. Die mit dem Gluthauch ihres feurigen Atems alle Feinde abwehrt. So ihre Bedeutung in der altägyptischen Ikonografie.

Er hatte die vorspringende Schlange beim Durchmesser des Balkens nicht berücksichtigt. Alles sollte aus einem Stück sein. Nun muss er Uräus separat schnitzen und nachträglich einmontieren. Ärgerlich. Will es haarscharf einpassen und säuberlich beischleifen. Den Fehler verdeckt ein Überzug mit hauchdünn geplättetem Gold zum Schluss. Gemessen an der Oberlippe keinen Gedanken mehr wert. Niemand wird merken, dass er getrickst hat.

Sägte eine schmale Scheibe aus dem Stamm, trennte sie nochmals in zwei Hälften. Zeichnete mit einem dünnen verkohlten Zweig das Profil des Schlangenkörpers auf eine der Holzhälften, um sicher zu sein. Setzte das Messer an. Schnitzte zügig. Bis der gekrümmte Körper fertig war. Dann vorsichtiger die zum Schild aufgeblasenen Backen, das sich wieder verjüngende Maul. Ließ am hoch gestellten Ende des Schwanzes Holz stehen. Das Passstück sozusagen, für den Einbau in den Reifen später.

Machte weiter mit dem Kopf. Ging um das Holzstück mit dem fertigen Gesicht herum. Prüft mit wissendem Blick seine Ausmaße. Unter dem Chat muss der Hinterkopf ausgeprägter sein als bei normalen Menschen. Höher und länger. Kennzeichen königlicher Würde. Krieg ich das hin? Fragte er sich. Drittes Problem?

Kaya hatte manchen Kopf modelliert und kannte das Prinzip. Wusste aber auch, jeder Kopf ist anders.

Tejes Kopf muss er gewissermaßen idealisieren. Was aber ist das Ideal. Bei Königen ist es leicht zu erreichen, indem man die Krone aufsetzt. Aber bei Königinnen? Kollege Tutmosis vom Hof in Achet-Aton modellierte Teje mit offizieller Krone, doppelter Feder und Sonnenscheibe zwischen Kuhhörnern. Seine Teje krönt ein Chat. Das Kopftuch betont die ausgeprägte Kopfform. Die Zofe hatte es sorgsam vorbereitet. Mehrfach Leinwand verklebt über einem Holzmodell. So bleibt es in Form. Plötzlich wusste er nicht mehr, was er im Palast sah. Suchte im Tonmodell die Rettung. Klein, aber erkennbar. Hinter den Ohren erweitert sich das plissierte Tuch. Rundet sich allmählich nach hinten, umschließt das volle Haar. Elliptisch gewölbt zur Haube. Modelliert mit dem erhöhten Hinterkopf eine Art Höhepunkt. Genauso mach ich´s.

Begann mit dem Stirnschmuck. Einem breiten Reifen, der zwischen den Schläfen sichtbar ist. Ansonsten unter dem Chat verschwindet. Drei parallel laufende Profile. In Natura getriebenes Messingblech vergoldet mit umlaufender Gravur, das den sichtbaren Teil des Reifens ziert. Er schnitt Vertiefungen und gravierte in die erhabenen Profile ein feines, durchlaufendes Muster. Im Original gesehen und skizziert. Schnitt ein Loch mit den Maßen des Passstückes in die Mitte des Reifens, exakt über der Nase. Passte die Schlange ein. Vollendete die Rundung des Chat und gravierte in die Oberfläche die feinen Plisseestrukturen. Die pingelige Feinarbeit dauerte drei ganze Tage. Schmirgelte zum

Schluss mit unterschiedlich großen Bimssteinen alles glatt. Damit das Blattgold sofort und unlösbar haftet.

Das Vergolden wird klappen. Er hat Routine. Manch Adeliger am Hof war sein Auftraggeber. Sein Ruf glänzte in ganz Unterägypten. Nach zwei Stunden glänzte seine Teje. Und sah gar nicht mehr begehrenswert aus.

Löste den Schraubstock, nahm die Skulptur vorsichtig in beide Hände und setzte sie auf den Arbeitstisch. Sie steht gerade. Gut. Nur noch den kurzen Hals vollenden und die Oberfläche von Hals und Sockel glätten für die Vergoldung.

Legte los. Überstrich die Skulptur mit einer dünnen Gipsschicht. Dann mit dem Leim. Er hatte genügend hauchdünn gehämmertes Gold gekauft. Handtellergroße Folien. Lieber zu viel als zu wenig, dachte er. Lange nicht mehr vergoldet. Es machte ihm richtig Spaß, ein Blatt nach dem anderen aufzulegen. Mit dem Ziegenhaarpinsel sanft anzudrücken, bis es auf der Leimschicht haftete. Drückte das weiche Material mit den Fingern noch einmal nach, damit feine Profile und Strukturen gut sichtbar werden. Lippen, Nasenlöcher, Augenlider, die Plisseefalten. Im Eifer klebte er die Folien überall hin. Auch bis in die Vertiefungen um Augen und in den Brauen, die später mit passgenau geschnittenen Saphiren ausgefüllt werden sollen. Die großen Augäpfel hatte er verschont. Warum, wusste er nicht mehr.

Gold sollte haften bis in alle Ewigkeit. Auf Gold aber hält nichts. Kein Kleber sichert die Saphir-Zuschnitte auf dem Untergrund. Ein pflanzliches Mittel kann Gold nicht lösen. Blieb ihm nur, es herauszustechen. Also mechanisch zu entfernen. Dabei in Kauf zu nehmen, dass die Rinnen tiefer und breiter werden als geplant. Zum Glück hatte der Edelsteinschleifer die Steine noch nicht zugeschnitten. Eine zweite Garnitur hätte den Gewinn aufgefressen. Amun Re sei Dank. Für die Iris entschied er den dunkleren Achat zu nehmen. Passt besser zu ihrem Typ als der helle Bergkristall. Neue Forschung hält Teje für eine Nubierin.

Fertig? Nein, fast vergessen. Schnell noch beim Goldschmied die Ohrhänger abholen. Die gleichen, die Teje trug, als er sie modellierte. In Ton ließen sich die feinen Gespinste nicht darstellen. Auch damals galt der Spruch: aus dem Auge aus dem Sinn. In letzter Sekunde daran gedacht. Bohrte Löchlein in die Ohrläppchen und hing an jedes eine goldene Barke mit silbernem Vollmond.

Nun steht sie da. Auf dem höchsten Bock in seiner Werkstatt. Glänzt und schaut, ob einer sie abhole. Oder sollte er sie hinbringen? Noch einmal ihr Gesicht mit dem Original vergleichen. Aus dem schönen Mund lobende Worte hören? Oder Kritik?

Kaya lässt sie abholen, um nicht noch mal ihre Lippen sehen zu müssen, die ihn an seinen Fehlschnitt erinnern. Hoffte inständig, dass es niemand merkt und packte die Schöne in eine gepolsterte Kiste. Nahm sich vor, das Honorar für eine Bootsfahrt auf dem Nil nach Nubien zu den Verwandten wieder auszugeben? Verprassen für ein Fest. Im Gedenken an die schönste Frau seines Künstlerlebens.

Was wirklich geschah, wissen wir nicht. Bleibt ein Rätsel. Nur, dass es viele Büsten von Teje gibt. Prächtigere. Aber die aus Tamariskenholz geschnitzte animierte mich, diese aufregende Geschichte zu erzählen. Einschließlich der bewiesenen und unbewiesenen Fakten hinter der beschädigten Fassade. Gefiel sie Ihnen?

Jesus von Nazareth

Wie sah er aus? Zeigt es der Abdruck eines Gesichtes auf dem Grabtuch in Turin? Es ist das Gesicht eines Mannes. Unzweifelhaft. Aber wessen Gesicht? Unbekannt. Nur in den Köpfen gläubiger Christen der Mann aus Nazareth. Fromme Mär dichtet ihre eigene Wahrheit. Zu glauben, was man nicht wissen kann. Aber vorstellen müssen wir es uns. Uns ein Bild machen von dem, was so eminent wichtig scheint. Wenn schon an jemanden glauben, dann wollen wir wissen, wie wir uns diesen jemanden vorstellen können. Abstrakta lassen uns kalt.

Als Kinder hatten wir das Bild des lieben Heilands auf Glanzbildchen und danach im Kopf. Stellten uns Jesus wie einen freundlichen Onkel vor. Der einem die Hand gibt und liebe Worte sagt. Die Künstler der Renaissance malten ihn mal so mal so. Leonardo da Vincis Jesus ein netter junger Mann. Mit seinen Freunden bei der gemeinsamen Abendmahlzeit. Michelangelo schuf einen Hero. Männlich, kraftstrotzend. Nazarener malten ihn mit entrücktem Gesicht, als sähe er Engel. Bis Emil Nolde in den Vierzigern des neunzehnten Jahrhunderts Christus mit wilden Hieben auf die Leinwand pinselte, als wüsste er noch nicht wie er auszusehen habe. Zerrissen zwischen Schwarz und Rot,

Gott und Mensch, Können und Nichtkönnen. Glauben und Nichtglauben. Wie also sah er denn wirklich aus, der Mann aus Nazareth?

Für damals potentielle Auftraggeber von Künstlern war Jesus keiner, der es wert war in Stein verewigt zu werden. Oder in Bronze gegossen Jahrtausende zu überdauern. Im Gegenteil. Sie hielten ihn für einen Kriminellen, der das Volk aufwiegelte. Und kreuzigten ihn, wie wir lesen. Und von frommen Predigern anhören müssen in der tiefvioletten Fastenzeit. Kein einziges Bild seines Gesichtes gibt uns Auskunft darüber, wie er wirklich aussah. Kunst zeigt ihn ernst, zornig, verzweifelt, der Erde enthoben. Lässt uns rätseln, was hinter solchen Fassaden steckt. Göttliches vielleicht. Oder etwa nicht?

Alle Religionen dieser Welt haben ihre eigene Wahrheit. Und ihren eigenen Gott. Ob er nun vom Himmel gefallen, dem Meer, einer Höhle entstiegen oder aus der Fantasie geboren wurde. Nur die Christen haben einen Gott in drei Personen. Ansprechpartner ist dieser Jesus, Gottes Sohn. Alle Religionen dieser Welt hatten und haben Priester, die uns erzählen, wer ihr Gott ist. Wo er residiert und was er von uns erwartet. Bleiben wir bei Jesus von Nazareth.

Aus der Zeit seines Lebens auf Erden gibt es keine schriftlichen Zeugnisse. Erst deutlich später werden sie aufgeschrieben. Um neue Anhänger zu gewinnen. Die Namen Matthäus, Lukas, Markus und Johannes als Autoren untergeschoben. Zeitgenössische Beweise und Bilder gibt es nicht. Für Martin Luther ist der Evangelist Johannes aller Rollenmeister Gaukelsack.

Nichts gegen diese Berichte. Sie lesen sich spannend und machen nachdenklich. Einschließlich der Geheimen Offenbarungen des Johannes. Sogenannte Wunder sind geschönt, vieles übertrieben. Alles zeitgemäß. Unterstelle, die Erzähler waren selbst so begeistert von dem was sie erzählten, dass sie nicht objektiv sein konnten. Außerdem verlangt das Volk nach Worten, die die Welt erklären. Damals und heute.

Geschichtenerzähler haben immer Konjunktur. Der Orient lebt davon. Damals waren es der wunderpredigende Mann aus Nazareth und seine Apostel. Vor allem Paulus, Weltreisender in Sachen Jesus von Nazareth. Heute ist eines der bekannten Massenphänomene Michael Jackson, ein tanzender Sänger. Dessen Liedertexte für Millionen göttlicher Natur waren. „Ich glaube, was in der Bibel steht“ sagte er in einem Interview. Im Gegensatz zu Jesus kennen wir sein von der Hautkrankheit Vitiligo weißgebleichtes Gesicht. Das Rätsel dahinter aber nur in Bruchstücken.

Die Menschen konnten sich zweitausend Jahre lang nicht damit abfinden, von Jesus keine visuelle Vorstellung zu haben. Mensch aber braucht Bilder, um glauben zu können. Die Verantwortung trugen erkannten dieses menschliche Bedürfnis und suchten nach Möglichkeiten es zu befriedigen. Beauftragten Künstler,

Bilder von Gott zu schaffen. Bildhauer, Maler, geniale Zeichner und Kupferstecher nutzten die Chance ihres Lebens. Religion war „In“. Bildhauerten, malten, zeichneten und stachen in Kupfer auf Teufel komm heraus. Bilder von Jesus und seinem Widersacher Luzifer. Den Heerscharen ihrer Anhänger. Die einen mit Engelsgesichtern oder Heiligenschein, die anderen mit Teufelsfratzen und flammenschlagenden Schwänzen.

Ob die Künstler nun Giotto heißen, Piero della Francesca, Raphael, Michelangelo, Leonardo da Vinci, Rembrandt, Jan van Eyck, Rubens. Um die größten zu nennen. Wir können die neuere Kunstgeschichte durchblättern, jeder Jesus ist jeweils ein anderer. Sein Gesicht ähnelt dem Künstler. Ist nichts anderes als das Gesicht seiner Zeit. Gibt es also viele Jesusgesichter? Klingt interessant. Ist Jesus Gott, der alles kann und möglich macht? Ändert sein Gesicht, damit wir uns in ihm wiedererkennen? Keine schlechte Theorie.

Orthodoxe Christen verehrten im frühen Mittelalter den Abdruck seines Gesichtes auf einem Taschentuch. Ähnlich dem Schweißtuch der Veronika in der westlichen Welt. Das berühmte Abgarbild von Edessa war bis 1204 das Reichspalladion von Byzanz. Schutzbanner der Stadt.

Das Abbild von Jesus auf Ikonen gibt Laien Rätsel auf. Weil jedes Jesusgesicht aussieht wie das andere. Im Gegensatz zum Variantenreichtum der Römisch-Katholischen Kirche. Die orthodoxe Theologie deutet

Hintergründe und beantwortet nicht alle Fragen, die moderne Menschen plagen. Behalten Sie Ihre Geduld, lieber Leser, wenn ich jetzt ein wenig ausführlicher werden muss. Damit Sie verstehen wie sie es damals meinten. Das Gesicht Jesu auf der Ikone ist kompliziert. Komplizierter als die immer gleiche Gestaltung vermuten lässt.

Orthodoxe Theologie hat eine sogenannte Ikonen-Theologie. Ikonen sind wie der Begriff sagt theologisch untermauert. Als gelte es, ein Prinzip zu bewahren. Die Menschwerdung Christi verlangt seine Abbildung. Damit das Abbild Jesu aber nicht unter das Verbot des Götzendienstes fällt, muss es ein echtes Portrait sein. Das Aussehen eines Mannes authentisch wiedergeben. Daraus ergab sich die bis heute unveränderte Art und Weise Gesichter Jesu darzustellen. Das Urbild eines Mannes ist gewissermaßen ein Prototyp. Verbindliche Vorlage für alle Jesus- oder Christus-Ikonen auf unbegrenzte Zeit. Dann erst, so sagt der Theologe, ist das Bild mit dem Wesen des Dargestellten und seinem Sein unlösbar verbunden. Nur dann kann die im Bild vorhandene göttliche Kraft aus ihm wirken.

Verehrung und Gebete gehen durch das Bild hinüber in die Sphäre des dargestellten Jesus. Der seinerseits durch die Ikone in die Welt hinein wirkt. Ikonen verbinden Diesseits und Jenseits. Auf der Grenze zwischen Erde und Himmel. Ikonen dürfen nicht das Produkt künstlerischer Fantasie, brillanter Darstellungstechnik sein. Die Darstellung Jesu ist Gottesdienst. Kopieren des Originals heilige Pflicht. Die Ikone ist religiöse Wirklichkeit. Römisch-Katholische Bilder bloße Symbole.

Sehen wir uns eine Ikone an. Streng der Gesamteindruck. Distanziert. Matt schimmernde Farben, glänzende Emaille, Gold. Die Augen des Mannes blicken uns nicht an. Die freie Gesichtsfläche wie ein Ei im Nest. Eingerahmt von langem Haupthaar, Oberlippen- Wangen- und langem Kinnbart. Es könnte das Antlitz eines Großfürsten sein. Wenn man nicht wüsste, es ist Christus.

In römisch katholischen Abbildungen trägt Jesu eine ähnliche Haartracht. Der Bart je nach Künstler und wechselnder Mode mal mehr, mal weniger kurz geschnitten. Das Haupthaar aber immer lang. An Fassaden der großen Kathedralen bewundern wir Majestät und männliche Schönheit der Christusfiguren. Die in Vézelay und Autun in Frankreich mit hocherhobenem Haupt. Das offene Gesicht uns zugewandt. Durch das Fernglas sehen wir einen, der ist wie er ist. Von Rätsel dahinter keine Spur. Allenfalls für Historiker, Pfaffen und neugierige Literaten.

Ullrich Zollinger, Professor für Rechtsmedizin in Luzern, untersuchte den Leichnam Jesu auf dem Gemälde von Hans Holbein dem Jüngeren von 1521. Der tote Christus im Grab. Der ausgestreckte Leib, Physiognomie, Haarwuchs und Haltung interessierten den Arzt. War es so oder nicht? Überspringe die Einzelheiten der Untersuchung. Der hinzugezogenen Beweise Dritter. Zwei Dinge passen hier hin. Jesus´ Gesicht war rundlich. Schädelfunde in derselben Gegend beweisen es. Nicht schlank-oval, wie es Künstler aller Zeiten darstellten, idealisierten. Jesus muss sein Haar kurz getragen haben. Schließt der Forscher aus dem Paulusbrief an die Korinther: „Es ist eine Schande für einen Mann, langes Haar zu tragen." Spannende Frage: haben wir alle ein falsches Bild von Jesus, den wir Christus nennen?

Stimmt vielleicht auch nicht, dass er Gottes Sohn ist? Das Rätsel hinter der Fassade? Frage mich: müssen wir es wissen? Noch mehr darüber nachdenken als wir es ohnehin tun. Wenn es uns denn überhaupt interessiert. Denken in solchen Dimensionen hilft nicht weiter. Je mehr wir denken, desto verworrener das Ergebnis, das kein Ergebnis sein kann. Rätsel werden Rätsel bleiben. Hinter dem Schleier noch unergründlicher, unbegreifbarer Geheimnisse der Schöpfungsgeschichte.

Unsere Zeit hat andere Probleme. Sie zu lösen, ist dringlicher als immer wieder den Versuch zu unternehmen das Rätsel hinter allen Jesusgesichtern der Welt zu lösen. Lösen wir die unsrigen nicht, fallen sie uns auf den Kopf. Zerstören die Umwelt. Wir verlieren die Hoffnung auf eine schönere und endlich friedliche Welt.

Lösen wir das Rätsel hinter dem Antlitz des Jesus von Nazareth nicht, verlieren wir nichts. Weil wir nichts wissen. Erkenntnisse stellen sich ein, wenn man nicht an sie denkt. Jede neue Erkenntnis ist Nichtwissen. Glauben eine andere Sache.

Mag sein, dass Menschen glücklicher sind, die glauben. Und dabei vor ihrem inneren Auge ein Gesicht haben, das sie schweigen lässt. Das Gesicht eines, den ihr Gefühl vorgibt zu kennen. Glauben ist Fühlen. Fühlen ist alles. Vielleicht muss man den Verstand ausschalten, um dahinter zu kommen.

Schon möglich, den Jesus von Nazareth und das unlösbare Rätsel dahinter wirklich nur zu fühlen. Wie man einen geliebten Menschen fühlt? Ohne Unbekanntes zu recherchieren. Ob er nah bei einem oder weit weg ist. Beruhigt seine Stimme hört, auch wenn sie am Telefon fremd klingt. NewYork ist sechstausend Kilometer entfernt. Heute hilft Skype. Auf der Mattscheibe das geliebte Gesicht sehen, fern wie einen Gott. Sich freuen auf baldige Heimkehr. Es zu streicheln wieder und nicht aufhören damit. Welche Frau kann sich vorstellen, das Gesicht Jesu zu lieben wie das eines Mannes? Erschiene er ihr auf dem Bildschirm statt in der Fantasie. Blasphemie?

Damit liegt sie gar nicht so verkehrt. Judentum und Christentum sind von Männern bestimmt. Jesus einer von vielen. Und doch ein anderer, wie die Schriften sagen. Frauen saßen zu seinen Füßen. Lauschten seinen Worten, reichten ihm Brot und Wein. Wischten ihm den Schweiß von der Stirn. Höchste Eisenbahn, Frauen zuzulassen. Die in Gesichtern lesen können. Einfühlsamer als Männer. Mit Sicherheit kommen sie eher dahinter, was sich hinter den Fassaden verbirgt. Und holen es heraus. Sagen es anderen und beschreiben, was sie fühlen ist glauben. Die Rätsel mit ihrer Unbeantwortbarkeit lassen sie sein, was sie sind. Rätsel.

Das Gesicht des Jesus von Nazareth ist Religion. Und Religion Rätsel und Offenbarung. Rätsel für Wissbegierige, die unter ihrer Unsicherheit leiden. Offenbarung für alle, die glauben. Frauen nehmen es so. Männer, besonders deutsche Männer, wollen alles genau wissen. Deshalb sind sie ungemütlich. Und areligiös. Entfernen sich vom Gegenstand, wenn sie nicht dahinter kommen. Vorsichtshalber. Rätselhaftes macht sie nervös.

Sie könnten umgänglicher sein, wenn sie Rätsel Rätsel sein ließen. Statt sich mit ihnen herumzuplagen. Und mit falschen Schlüssen ihre Umwelt zu drangsalieren. Geheimnisse bleiben besser Geheimnisse. Tabus Tabus. Das Gesicht des Jesus von Nazareth einfach nehmen als das, was es ist. Gleich in welcher Kunstform. Gedruckt, in Gips gegossen, eingerahmt oder einfach geglaubt. Das Gesicht eines, dessen wahre Existenz für alle ein Rätsel bleibt.

Sie werden feststellen, es ist nicht anders als ihr eigenes. Wer weiter denkt, ahnt: Gott ist wie ich. Ohne den Menschen gäbe es keinen Gott. Dies wissen, muss auch Männer befreien, froh machen. Und demütig.

Frauen sind bereits soweit. Streicheln die Wangen ihres Gottes. Und fragen nicht weiter.

Kaiser Karl der Große

Vater Europas genannt. Sein Reich annähernd dekkungsgleich mit den Flächen heutiger Staaten in der Union. Er war trotz immer wieder aufflammender Auseinandersetzungen mit den Landesfürsten anerkannter Herr des riesigen Terrains. Der große Kaiser. Nachfolger römischer Potentaten. Caesar einer neuen Zeit. Beschützer von Papst und Christenheit. Ungewöhnlich die Summe seiner Titel.

Auf frühen Miniaturen sieht man ihn mit langem Schnurrbart. Dem Kennzeichen fränkischer Männer. Er entstammte dem Geschlecht der Karolinger. Die bronzene Reiterstatue von Anfang 900 zeigt ihn als typischen Franken. Hoch zu Ross mit Schnurrbart, kurzem Reitermantel, Beinwickel, Zepter und Krone.

Etwa seit Otto dem Großen stellt man Kaiser Karl und alle nachfolgenden Kaiser nur noch mit Vollbart dar. Der Bart wird zum Symbol des Herrschers, einer Majestät. Von lateinisch majestas, Herrlichkeit. Auch in Herrlichkeit steckt Herr. Nicht uninteressant zu erkennen, auch Jesus von Nazareth trägt in der Kunst einen Bart. Bart bedeutete unausgesprochen: ich bin der Herr. Ausnahme Leonardo da Vincis Abendmahl. Jesus ein Mensch unter seinesgleichen.

Es gibt Symbole, die überdauern Jahrtausende. Heute lassen immer mehr Männer ihre Haare wachsen. Vorwiegend junge, unausgereifte. Bis ihr Gesicht, von dunklem Haarwuchs eingerahmt, immer kleiner wird. Die Herren der Welt? Welcher?

Zurück zu Karl dem Großen. Geboren 747, gestorben am 28. Januar 814 in Aachen. In der Pfalzkapelle, dem Zentralbau des heutigen Doms bestattet. 1215 im Auftrag Kaiser Friedrich II in einen goldenen Schrein umgebettet. Das Meisterstück Aachener Goldschmiede kann man dort bewundern. Wie den originalen Marmorthron in der Kaiserloge auf der oberen Etage. Kaiser Barbarossa stiftete im Andenken an seinen Vorgänger den riesigen achteckigen Radleuchter. Symbol des himmlischen Jerusalem. Viel der Ehre für einen Mann, der ein Mensch war mit seinen Schwächen.

Karl war süchtig nach Macht und Einfluss. Als der Papst ihn um Hilfe bat, die Rom bedrohenden Langobarden zu vertreiben, sagte er zu. Blitzartig zwei Dinge vor Augen. Das Oberhaupt der Kirche schützen, Dank und Ehre einhandeln. Das Langobardenreich seinem einverleiben und weiter wachsen. Franken sollten die Welt regieren. Unter der Christusfahne. Über die Sachsenkriege haben wir gelesen. Schlimme Bilder in Büchern gesehen von Tausenden hingeschlachteter sogenannter Götzendiener. Nach dem Sturz der verehrten Säule Irminsul überfielen Heerscharen von Missionaren wie Heuschrecken das Land. Die Heiden zum Christentum zu bekehren, der wahren und einzigen Religion. Widukind, ehemaliger Herzog Sachsens ließ sich taufen.

Was mag in Karls Kopf vorgegangen sein wenn er solche Bluttaten befahl? War er überzeugter Christ oder war er es nicht? Verkündete lautstark: alle müssen glauben an Christus, den Erlöser und Herrn aller Menschen. Seine Gebote erfüllen. Dachte er wirklich so konsequent? Oder sagte er es nur? War er zutiefst überzeugt von diesem Glauben? Dann frage ich: Kannte er nicht die Bergpredigt? Quintessenz christlichen Lebenswandels. Liebet eure Feinde muss er verdrängt haben. Wobei ihm wahrscheinlich fränkisches Temperament und sein starker Machtwille half, die frommen Worte zu vergessen. Zeitweise wenigstens. Der Erfolg gab seinen Taten Recht.

Nur der Krieg gegen die Araber auf der iberischen Halbinsel endete erfolglos. Das Bündnis mit dem Kalifen von Cordoba Hussein Ibn Yahya platzte. Verrat der Grund. Einzig Ritter Roland hielt ihm die Treue bis er gegen arabische Übermacht fiel und starb. Den Märtyrertod, meinten die Christen damaliger Zeit. Das Rolandslied preist ihn als größten Helden des Mittelalters. Karl konzentrierte sich rasch auf die Mächtigen im Orient. Einfluss zu erhalten im Heiligen Land.

Verhandelte mit den Potentaten. Erfolgreich. Sie akzeptierten Karl als einen Machthaber mit weitreichendem Einfluss. Und ebensolchen Plänen. Strebten Partnerschaft an. Der Kalif von Bagdad schenkte ihm ein kostbares Aquamanile. Der Emir von Cordoba, schon zweihundert Jahre blühendes Moslemzentrum, schenkte ihm einen Elefanten. Er lebte zehn Jahre am Hofe Karls. Starb 810. Karl hatte sicher mehr Spaß mit ihm als mit dickhäutigen Beratern. Mit dem Ostkaiser in Byzanz vereinbarte er friedliche Zusammenarbeit. Von Byzanz ist es nicht mehr weit bis Jerusalem. Die Geburtsstätte des Christentums wieder unter den Schirm der Kirche zu stellen, Karls Ziel.

All dies musste den Päpsten seiner Zeit sympathisch gewesen sein. Im Jahre 800 krönte ihn Papst Leo II. zum Kaiser. Erklärte ihn zum Schutzherrn der Kirche. Weihnachten in der alten Peterskirche, Rom. Der aus dem Lateinischen übersetzte volle Titel lautet: „Karl, durchlauchter Augustus, von Gott gekrönter, großer Frieden stiftender Kaiser, das römische Reich regierend, von Gottes Gnaden auch König der Franken und Langobarden".

Noch 1165 war Karls Rolle als Schutzherr der Christenheit lebendig. Zu der Zeit gab es zwei Päpste. Aufmüpfige Kardinäle des Kollegiums, vor allem weltliche Regenten wählten einen Gegenpapst. Auch Hitler wollte einen zweiten, der ihm gefügig war. Laut Rosenbergs Tagebuch verhinderte der Kriegsausbruch die Realisierung des Vorhabens. Damals residierten die Gegenpäpste im französischen Avignon. Paschalis III, einer von sieben sprach Karl heilig. Rom tolerierte es stillschweigend, sprach ihn selig. Eine Stufe niedriger in der Rangordnung. Aber mit Aussicht auf spätere Heiligsprechung. Sie ist bis heute nicht erfolgt. Wahrscheinlich wegen seiner unmoralischen Lebensführung. Karl ist trotzdem einer derer, die sich um die Kirche verdient gemacht haben. Gütersloher Pfarrer widmeten ihr Gotteshaus Carolus Magnus. Über anderes schweigt man.

Karl wurde in damaliger Zeit als Vorbild christlichen Denkens und Handelns gesehen. Trotz Widersprüchen. Einerseits sehr darauf bedacht, dass jeder in seinem Reich das Vaterunser kannte. Andererseits wurden im eroberten Sachsen Menschen zum Tode verurteilt, wenn sie über Priester, Christentum und seine Symbole lästerten. Später mussten sie zahlen.

Seine ganze Energie setzte Karl ein, um die Bildung zu fördern. Ließ in immer mehr Klöstern Schulen einrichten. Mehr zu lernen als das Vaterunser. Gründete neue. Ließ eine neue Schrift entwickeln, die karolingischen Minuskeln. Aus der sich unsere heutige Lateinschrift mit der Zeit wie von selbst ergab. Holte hochgeachtete Wissenschaftler aus vielen Ländern Europas an seinen Hof. Gab ihnen Titel und Vollmacht zu forschen, Bücher zu diktieren und christlich fundierte Lehrer auszubilden.

Die Bildungsreform erforderte eine Verwaltungsreform. Karl übergab die Bereiche öffentliche Ordnung, Finanzen, Militär, landwirtschaftliche Entwicklung, Bauwesen und Handwerk neu ernanntem Adel. Jeder war autark in seinem Hoheitsgebiet. Bisher machte jede Ausdehnung der Grenzen die Verwaltung schwieriger, immer unübersichtlicher. Jetzt hatten die kleineren Grafschaften in ihren Grenzen Übersicht und Kontrolle. Karl verlangte nur regelmäßige Berichterstattung und behielt sich Änderungen vor.

Woher wir das wissen? Einhart, ein Klosterbruder am Hofe, schrieb seine Biografie. Er begleitete ihn über Jahrzehnte auf vielen Reisen und Feldzügen. Beriet ihn und wirkte als Architekt. Die Einhardskapelle im Odenwald sein Werk. Karolingische Romanik reinsten Stils. Karl vertraute seinem Freund Einhard alles an. Auch seine geheimsten Gedanken? Etwa die Einsicht ein gottloser Egoist zu sein? Wahrscheinlich nicht. Einhard war kein Priester, also auch Beichtvater, der geschworen hat zu schweigen. Geschrieben steht nichts.

Sehe ich mir die Karlsfigur auf der Stirnseite des goldenen Schreins in Aachen an, versuche ich das alles zu sehen. Stelle mir vor, welche Rätsel hinter dem freundlichen Gesicht der kleinen Skulptur stecken könnten. Solche, die ihn als Mann definieren zum Beispiel. Der Schrein zeigt ihn mit Schwert und Kirche. Den Symbolen irdischer Macht und christlichen Glaubens. Mehr nicht, nur Symbol. Wer aber war Karl, der Mann?

Das gotische Büstenreliquiar aus dem Domschatz in Aachen ist schon konkreter. Genauer die Gesichtszüge. Präzise in allen Details. Silbergetrieben, teilweise vergoldet und mit Ornamenten und Edelsteinen verziert. Entstand im frühen 14. Jahrhundert. Als Könige noch

in Aachen gekrönt wurden. In feierlicher Prozession trug man die Büste mit der Schädeldecke Karls dem gewählten Fürsten entgegen. Als verpflichtendes Symbol.

Über männlich kräftigen Schultern erhebt sich der Hals wie eine Säule. Mit einem Kapitell, das ein Kopf ist. Mehr rund als schlank. Die Schädeldecke im Innern brauchte Raum. Rund ums Gesicht das Haar. Rechts und links anliegend bis zum Ansatz des Kinnbarts. Fränkisch der lange Schnurrbart zwischen Nase und Lippen. Die Haarpracht ein geschlossener Kreis. Leicht gewellt, als hätte der Friseur soeben die Locken in die richtige Lage geföhnt. Über allem die unvermeidliche Krone mit dem Kreuz als Siegeszeichen.

Solche metallgetriebenen Portraits haben keine lebendigen Augen. Die uns anschauen. Oder seitwärts blicken, weil wir es nicht wert sind. Nur blankmetallene Augäpfel ohne Spirit. Sie sind nicht naturalistisch bemalt wie die Gesichter der alten Ägypter. Oder steinerne, hölzerne Bildnisse der Kunstgeschichte. Nur reine Form aus Metall. Silber, Gold. Mit dem, was sie ausstrahlen. Marktwert, Bedeutung, Dauer. Keine Chance für den Betrachter, dahinter zu schauen. Nur zu wissen, in diesem Reliquiar wartet ein Körperteil auf den Jüngsten Tag. Überlassen wir dieses Neutrum den Historikern. Und denen, die Spaß haben an Edelmetallen, farbigen Steinen und fantastischen Geschichten.

Authentischer dagegen das Gesicht der frühen Reiterstatue. Nicht nur, weil sie wahrscheinlich zu seinen Lebzeiten geschaffen wurde. Gesamteindruck majestätisch. Mit unübersehbarer Tendenz zum Herrischen. Aufrecht seine Haltung im Sattel. Man erkennt den geübten Reiter. Hocherhoben das Haupt. Ernst und streng das Gesicht Die Mundwinkel herabgelassen unter langen Schnurrbartzipfeln, als verachtete er die Welt. Ein solches Gesicht scheint alles zu zeigen. Und noch mehr zu verbergen. Auch ohne Hilfe von Farben. Die Skulptur wird im Louvre gehütet wie ein nationales Heiligtum. Erst einmal lassen Sie mich berichten, was man weiß.

Gekrönte Häupter damals lebten monogam. Zwingende Voraussetzung für eine legitime Nachkommenschaft. Scheidung möglich, aber auch Konkubinate. Frauen als verfügbare Sexobjekte. Insgesamt genügend Fluchtmöglichkeiten für libidogeplagte und unzufriedene Männer in königlichen Positionen. Nicht selten spielte die Vergrößerung von Macht und Einfluss eine Rolle. Mit der Frau kam das Land automatisch dazu. Bei Karl war alles Gesagte täglich gelebte Realität.

Entgegen kirchlichen Geboten folgte er ausschließlich persönlichen Neigungen oder politischen Absichten. Verstand sich als mächtiger Beschützer der Christenheit. Nahm aber wenig Rücksicht auf kirchliche Moralvorstellungen und Kirchenrecht. Mönch Wetti auf der Reichenau kritisierte Karls Lotterleben. Trotz seiner

Verdienste werde er in der Hölle schmoren, schrieb er. Stellte aber in Andeutungen seine Erlösung in Aussicht.

Neben der Einehe hielt er sich Nebenfrauen. Und einen Harem. Es sollen ungezählte gewesen sein. Immer wieder aufgefrischt von jüngeren Gespielinnen. Im Laufe der vierzig Jahre seines erwachsenen Lebens war er fünfmal legal verheiratet. Himiltrud seine erste. Es folgten jeweils mit neuen Latifundien und wichtigen politischen Kontakten Desiderate, Hildegard, Fastrada und Luidgart. Außerdem vergnügte Karl sich mit vier Nebenfrauen. Gewissermaßen halb legal: Madelgard, Gerswind, Regina, Adelind hatten die eingeschränkten Rechte einer Ehefrau.

Man kann sich vorstellen bei soviel fränkischer Potenz war die Zahl der Nachkommen immens. Die elf von Konkubinen und Nebenverhältnissen schickte man sofort in ein Kloster. Rechtmäßig fünf Söhne. Karl ernannte den Erstgeborenen Ludwig schon zu Lebzeiten zu seinem Nachfolger. Ludwig war fromm und kirchengläubig. Aber unentschlossen und führungsschwach. Depressiv. Machte nach Karls Tod seinen Sohn Lothar zum Mitregenten. Andere Söhne zu Königen von Bayern und Aquitanien. Das Reich zerfiel in Ost und West, das spätere Deutschland und Frankreich. Auf dem Hintergrund von Karls ausgeprägter Weltlichkeit nannte die Nachwelt Ludwig den Frommen.

Karls Töchter konnten keine große Rolle spielen. Wahrscheinlich verbot Karl eine Heirat aus politischen

Gründen. Lediglich die Liebesehe seiner Tochter Berta mit Einhard, seinem Sekretär duldete er. Einige Töchter blieben am Hof. Andere schlossen sogenannte Friedelehen. Eheähnliches Zusammenleben. Bekamen Kinder. Adoptieren durften sie keine. Meist fand man für Töchter geeignete Positionen in Klöstern und Klosterschulen.

Zwischenbemerkung eines, dessen Vater Karl sich Charlemagne nannte wie Franzosen ihren Kaiser Karl. Er maß einen Meter neunzig wie dieser. Feierte seinen Namenstag am 28. Januar, dem Todestag des Kaisers. Ihm war egal, ob sein Namenspatron ein Heiliger oder ein Seliger war. Hauptsache berühmt. Von den sexuellen Eskapaden seines Vorbilds wollte er nichts wissen. Die Sachsenkriege lange, lange vorbei. Was war da noch? Dachau auch so ein Nebulosum. So hoch liegt der Schnee in Dachau, sagte er im Krieg. Leise unter Freunden. Und hob seinen Arm wie zum Hitlergruß. Leichenberge Unschuldiger genauso wie im Sachsenwald damals. Seine Art heimlichen Widerstands.

Das vergoldete Antlitz des Kaisers auf dem Reliquiar glänzt wie das eines Heiligen. Pardon Seligen. Vorbild mit charakterlichen Schwächen. Das mir vertraute Antlitz meines Vaters zerfallen zu heimischer Erde. Mitsamt allen Rätseln, die sie verdeckt. Gott hab´ beide selig.

Im Musée de l´Oevre de Notre Dame, Strasbourg entdecke ich ein farbenstrahlendes Glasfenster aus dem

12. Jahrhundert. Es zeigt Karl den Großen. Klassisch mit Kaiserkrone, Zepter und Erdkugel in den Händen. Den Insignien der Macht. Seit knapp dreihundert Jahren tot. Lebendig in diesem Fenster für alle Zeit. Sicher sind alle Bilder des Kaisers geschönt, idealisiert. Bis auf die wahrscheinlich naturgetreue Reiterstatue aus dem 9. Jahrhundert. Sie sind Bilder der jeweiligen Zeit. Wie in dem Fenster müssen bedeutende Männer ausgesehen haben, damals. Karl trägt sein Haupthaar bis zu den Schultern. Der Kinnbart gestutzt. Der unüblich lange Oberlippenbart erinnert noch an fränkische Mode. Kannte der Glasmaler diese Einzelheiten?

Karl schaut angestrengt eher nach oben als geradeaus. Als sähe er Jenseitiges. Wie Tutenchamun erinnere ich. Und die goldene Madonna im Essener Münsterschatz. Augen und Brauen in dunkles Blei gefasst. Auch das erinnert an die kräftige Betonung der Augen bei den alten Ägyptern. Hier sind es die notwendigen Verbindungen einzelner Glasscheiben zum ganzen Bild. Gesicht, Körper und alles Dekorative herum. Im weißen Glas des Augapfels die Iris mit Schwarzlot dunkel gepinselt. Wie auch die Konturen von Nase, Mund und Haarsträhnen. Schwarzlot wird mit 600° Celsius eingebrannt. Hält ewig. Was entdecke ich hinter diesem Gesicht? Ein Rätsel? Oder mehr als eines? Oder keines?

Die Farbe intendiert Gefühle. Rot fühlt Feuer und Leidenschaft. Dominant in Heiligenschein und Mantel. Der Glaskünstler muss Karls Heiligsprechung gekannt haben. Das Fenster datiert um 1160-70. Eher aber ist anzunehmen, dass der Auftraggeber und Finanzier den Heiligen verehrte, nicht den von der Kurie deklarierten Seligen Karl. Vielleicht sogar sollte das beherrschende Rot im Nimbus diesen Glauben wirkungsvoll betonen.

Zurück zum Bild. Sieht aus, als dächte Karl an Fegefeuer. Reue plagt ihn. Und Furcht, in der Hitze des Feuers zu verglühen. Er, der auf Erden alle brennenden Widerstände löschte, auf seine Art. Den die damalige Welt anbetete wie einen Gott. Sehe jetzt Zweifel in den Augenwinkeln. Am eigenen Tun und Lassen. War ich vielleicht doch kein guter Christ? Scheint er zu fragen. Die Majestät des großen Karl in diesem Fensterbild nicht sichtbar. Zurückgeblieben ein reuiger Sünder. Einer, der nachdenkt. Und beim Denken vergisst das nahe liegende zu tun. Den starken Mann markieren. Der Glaskünstler wusste nichts außer dem, was man predigte über den Kaiser. In den Schulen hörte und lernte.

Könnte aber sein, er fühlte bei der Arbeit an Glas und Blei Fremdes unter seinen Händen. Unterschwelliges? Das nicht in Einhards Biographie zu lesen ist. Zeichnete die Figur, das Gesicht. Schnitt die farbigen Glasscherben in Form und passte sie in umlaufende Bänder aus Blei. Fügte alles in Rahmen aus Eisen. Und dachte: das ist mein Karl. Der große, allmächtige Kaiser des Abendlandes. Trotz seiner moralischen Defekte ein Kind Gottes. Ich zeige ihn nach innen gewendet, nachdenklich. Anders kommt man nicht in den Himmel.

In den Bildern der ersten Jahrhunderte ist Karl ein Mann in den besten Jahren. Engagiert in vielerlei Aktivitäten. Immer Herr der Dinge. Sein Gesicht, falls man es erkennt in kleinen Miniaturen, mal so, mal so. Je nach Künstler und Thema. Immer der Typ einer Zeit. Künstlerisch mal mehr, mal weniger gelungen.

Ab dem 16. Jahrhundert beginnt ein Vergreisungsprozess. Albrecht Dürers Portrait zeigt einen gealterten Mann. Erstarrt in Würde. Mit Vollbart, Krone und Zepter. Als käme Würde mit den Jahren. So musste man aber gedacht haben. Im geschichtsversessenen neunzehnten Jahrhundert dominierten Greise die Kunst. Karl einer der gefeierten. Paris reklamierte ihn als den ihren. Setzte ihm ein Denkmal aus Bronze. Vollbärtiger Greis hoch zu Ross. Mit seinen Paladinen Roland und Olivier. Auf der Place du Parvis vor Notre Dame. In deutschen Geschichtsbüchern feiern Autoren und Zeichner die Helden ihrer Geschichte. Karl den Großen, Barbarossa, Hagen von Tronje. Alles Greise mit blitzenden Augen.

Ungezählte Bilder Karls des Großen füllen die lange Kunstgeschichte Europas. Die mit schnellen Strichen gezeichneten Illustrationen aus Karls Zeit. In denen ein Gesicht dem anderen gleicht. Als könnten sie´s nicht anders. Punkt, Punkt Komma Strich. Nur an der Krone auf dem Kopf erkennt man den Kaiser.

Dann die farbigen Meisterwerke der Miniaturen in Büchern und Codices der folgenden Jahrhunderte.

Buchschmuck, der uns so sehr beeindruckt, dass nicht nur der Moleiro-Verlag Barcellona täuschend echt wirkende Faksimile gut verkaufen kann. Farbgetreue Bilder auf Pergament. Moderne Technik macht´s möglich. Eines fiel mir als Muster in die Hände.

Karl der Große. Vermutlich 16. Jahrhundert. Ein alter Mann, weiß sein Haupthaar, weiß der Kinnbart, marschiert über eine Wiese. Leicht nach vorne gebeugt. Dass es ein Kaiser sein soll, erkennt man an den Attributen seiner Macht: Bügelkrone, blauer Mantel mit gestickten Lilien und Hermelinbesatz. Dessen Innenseiten vom Wind hochgeschlagen den fränkischen Adler sehen lassen. In der Rechten hocherhoben das blanke Schwert. In der Linken die Erdkugel mit Kreuz.

Er guckt wie einer, der nur seine Pflicht tut. Im Gebüsch seitwärts fesselt offenbar ein uns nicht sichtbares Reh seine Aufmerksamkeit. Uninteressiert an dem, was rings um ihn sonst noch passiert. Marschiert und marschiert und kommt nicht da an, wo man auf ihn wartet. Ich sehe nur Wiese und ein paar Büsche. Einen einsamen Mann. Seltsames Bild. Zum Schmunzeln, dieses Bild von einem Kaiser.

Lache laut über den Greis. Der in ‚Pardon' als Witzfigur Furore machen würde. Ein Kaiser der Moderne, der die Lacher auf seiner Seite hätte. Einen Monat lang bei dem ein oder anderen Nachdenken auslöste. Über das, was war und heute nicht mehr ist. Vielleicht sogar einen Psychotherapeuten beschäftigte.

Mit der Frage aller Fragen: Was sehe ich hinter diesem Gesicht? Psychotherapeuten verdienen mit solchen Fragen viel Geld. Ob sie das Rätsel lösen oder nicht.

Lassen wir Karl sein, der er war. Und für Franzosen und Deutsche immer noch ist. Ein Kaiser, der sich dem Urteil der Geschichte stellt. Mit allem, was wir über ihn wissen oder nicht wissen. Seinen Taten, Untaten und ihren Folgen. Der sich ausliefert mit allem, was ihn ausmachte, damals. In hunderten Gesichtern der darstellenden Kunst zu lesen oder zu vermuten. Einer, der nicht aus Furcht vor Revoluzzern ins Ausland floh. Wie der letzte Deutsche dieser höchsten irdischen Kategorie.

Hildegard von Bingen

Hildegard hatte Gesichte. Vor ihrem inneren Auge sah sie Gott, die Gottesmutter Maria. Hörte Stimmen, die sie ängstigten, krank machten. Zu ihrer Zeit, vor allem aber in den folgenden Jahrhunderten als Seherin gepriesen. Jüngst von Papst Benedikt XVI. zur Kirchenlehrerin erklärt. Wegen ihrer seherischen Fähigkeiten, Gott zu erkennen und den Menschen durch ihr christliches Leben und Predigen nahe zu bringen.

Man könnte daraus schließen, es sei unnötig, hinter die Fassade ihres Gesichtes zu blicken. Dem Thema dieses Buches gerecht zu werden. Sie sah Bilder, wie sie selbst schrieb. Hörte Stimmen, Gesänge. Wissen wir schon genug? Lesen Sie in ihren ‚Visionen':

„Ich sah einen großen Glanz. Eine himmlische Stimme scholl daraus: Gebrechlicher Mensch, Asche von Asche, Moder von Moder sage und schreibe, was du siehst und hörst. Doch weil du schüchtern bist zum Reden, einfältig es auszulegen, ungelehrt das Geschaute zu beschreiben sage und schreibe es. Nicht nach der Rede weiser Menschen. Sondern aus der Gabe heraus, die dir in himmlischen Gesichten zuteil wird. Wie du es in den Wundern Gottes siehst.

Es geschah im Jahre 1141, als ich 42 Jahre und sieben Monate alt war. Da kam aus dem geöffneten Himmel ein feuriges Licht von gewaltigem Glanz. Es durchströmte mein ganzes Gehirn und entzündete mein Herz. Und sogleich erlangte ich die Einsicht in die Bücher der Psalter, des Evangeliums und der anderen katholischen Bücher. Erkannte, was Gott uns sagen will. Und schrieb es auf."

Mönchkollege Guibert und seine Mitbrüder im Kloster Gimbloux, belgisch Wallonien wollten es genau wissen: „*Wir möchten gerne wissen ob du dich, nachdem du deine Visionen aufgeschrieben hast, noch daran erinnern kannst, ob sie in lateinischer Sprache sind? Oder empfängst du sie deutsch und sie werden dann ins Lateinische übersetzt?*

Postwendend antwortet Hildegard: „*Ich bin völlig ungebildet und spreche in ungefeiltem Latein aus, was ich in den Visionen sehe oder auch höre. Ich werde durch diese Visionen ja nicht gelehrt, so zu verstehen und zu schreiben wie Theologen und Philosophen.*"

Hildegard litt unter ihren Visionen. Sie bedrückten sie, wie sie schrieb, machten sie krank. Aber auch stark. Und weitsichtig. Sie sah die Welt im Licht ihrer Visionen. Meditativ und nicht rational. Dinge bekamen einen eigenen Wert. Licht ist lebendig. Der Berg eisenfarbig. Die Welt ein Ei. Der Mensch ragt hinauf bis in den Kosmos. Heutige würden das anders verstehen, an eine Landung auf dem Mars denken.

Sie verstand sich als Werkzeug Gottes. Besaß eine besondere Weitsicht, beobachtete mit wachen Sinnen und neuen Gedanken die Zusammenhänge ihrer Umgebung. Schrieb es auf. Weltbild und Menchenbild sind untrennbar mit dem Gottesbild verbunden. Predigte auf ihren seelsorgerischen Reisen. Beriet hochgestellte Personen. Sogar Kaiser Barbarossa fragte sie um Rat.

Gläubige nahmen ihre Botschaften hin wie Zeichen vom Himmel. Halfen ihnen Gutes von Bösem besser zu unterscheiden. Andere, auch Äbte und Bischöfe brandmarkten sie als Teufelszeug. Papst Eugen III beauftragte eine Sonderkommission, sie eingehend zu untersuchen. 1149 gab er Hildegards Visionen zur Veröffentlichung frei.

Ungläubige, insbesondere Neurologen, nennen Visionen schwere Migräne. Aufgrund von Lichterscheinungen. Diese wiederum interpretieren andere Experten als ein Skoton. Gefäßverschluss in Nervenzellen. Es rufe halluzinatorische Lichtphänomene hervor. Mag ja sein. Was immer nüchterne Zeitgenossen zu den Bekenntnissen Hildegards sagen, ich schreibe weiter. Denn sie war eine außergewöhnliche Frau. Mit einer Vita, die Hintergrund genug ist. Einschließlich der ein oder anderen unbeantworteten Frage.

Geboren 1098 als zehntes Kind der Edelleute Hildebert und Mechthild in Bermersheim im Rheingau. Damals war es Sitte, jeden Zehnten Gott bzw. der Kirche zu schenken. Von Ernte, Geldgewinn, Kindern.

Hildegard das Geschenk. Fromme Lehrer erzogen sie in streng religiösem Sinne. Nicht verwunderlich, dass sie sich schon mit acht Jahren wünschte, ins Kloster zu gehen. Mit fünfzehn äußerte sie bereits Gedanken, die nicht die eines Kindes waren. Ihre Karriere verlief ab da steil wie die eines kommunikativ begabten Mannes.

Kaum das Ordensgelübde abgelegt vertrat sie den inhaftierten Mainzer Erzbischof Adalbert. Wurde mit 38 Jahren Magister ihrer Mädchenschule. Sorgte dafür, dass die Schule in ein Kloster umgewandelt wurde. Führte es wie eine moderne Managerin. Frauen ins Kloster zu locken, Mitschwestern zu motivieren änderte sie die strenge Benediktinische Askese. Lockerte die klösterlichen Speisebestimmungen. Nach bis her üblichen zwei Gängen mit Obst und Gemüse ein dritter. Mit Fisch oder Fleisch. Verkürzte die langen Gottesdienste und Gebete. Streit mit dem Erzbischof. Auch als sie ein eigenes Kloster gründen wollte. Man fürchtete Konkurrenz.

Sie beharrte auf ihrem Plan. Gründete 1147 das Kloster Rupertsberg auf dem Rupertsberg an der Nahe. Ihre Personalpolitik ärgerte den konservativen Bischof. Ein Streit folgte dem anderen. Sie rief Papst Eugen III um Hilfe. Der war ihr gewogen, konnte aber gegen die Bischöfe von Mainz und Bamberg nichts ausrichten. Bischöfe hatten in dieser Zeit große Macht. Agierten oft als verlängerter Arm der jeweiligen Kaiser. Der sogenannte Investiturstreit begann. Wer setzt Bischöfe ein? Papst oder Kaiser? Kaiser und Könige nahmen sich die Freiheit, ihnen genehme Bischöfe ins Amt zu setzen. Obwohl es dem Papst zustand. Letztlich waren es Kämpfe beider Seiten um Macht und Vorteil.

Hildegard konzentrierte sich auf wichtigere Aufgaben. Beobachtete und schrieb über den Zusammenhang von Ernährung und Gesundheit. Wie bereits Hypokrates, der berühmte griechische Arzt 1300 Jahre zuvor. Zu ihrer Zeit kannte man nur die Klostermedizin, Quacksalber und Wunderheiler.

Durch Hildegard erfuhr man, dass Ernährung, Gesundheit, Krankheit, Körperlichkeit und Sexualität eng zusammenhängen. Sie testete Früchte und Gemüsesorten. Prüfte Vorteile und Nachteile beim Verzehr. Dinkel war für sie das Grundnahrungsmittel. Mit mehr Vitaminen, Aminosäuren und Spurenelementen als bei anderen Getreidesorten. Gemüse sollte man gedünstet essen, nicht roh. Bevorzugt Fenchel, Esskastanien, Sellerie, Bohnen, Möhren. Die Kartoffel gab es damals noch nicht in deutschen Landen. Der Alte Fritz ließ sie Jahrhunderte später aus Amerika importieren und anbauen. Damit Städter und Soldaten sich mit dem billigen Nahrungsmittel satt essen konnten.

Hildegards Empfehlung: kein Schweinefleisch. Anderes Fleisch in Maßen. Fisch dagegen jederzeit. Sie führte das Heilfasten ein. Verzicht üben. Wille und Ausdauer prüfen. Sich besser fühlen danach. Acht bis zehn Tage nur flüssige Nahrung. Dinkelkaffee, Apfel- oder Traubensaft, Fencheltee. Könnte die Empfehlung eines heutigen Naturapostels sein. Ihr Thema *„Jedwede Kreatur hat einen Urtrieb nach liebender Umarmung“* das Credo eines modernen Psychotherapeuten.

Um zum Ziel zu kommen, ist Gottesliebe unverzichtbar. Sie wäre keine Nonne, stellte sie das nicht allem anderen voran. Danach gute Werke tun, ein maßvolles Leben führen. Was immer das ist. Historiker Bergmeister behauptet, Hildegards Erkenntnisse gesunder Lebensführung seien nicht neu. Arabische bereits hundert Jahre, griechische tausend Jahre früher. Sie sei ihnen folglich unterlegen.

Er ließ außer Betracht, dass Hildegards Erkenntnisse und Empfehlungen, in deutschen Landen angewendet, Nutzen stifteten. Bei Menschen, die antike Rezepte nicht kannten. Die weder lesen noch schreiben konnten. An böse Geister und Teufel glaubten. Trotz Kirchgang und anderer katholischer Übungen.

Erhalten ist ihr Buch ‚Physica' über Heilpflanzen. Ebenso das grundlegende Werk ‚Scivias' Wisse die Wege des Herrn. In enger Zusammenarbeit mit Propst Volmar von Disibodenberg und der Nonne Richardis von Stade entstanden. Hildegard beherrschte die lateinische Grammatik nicht. Die beiden vertrautesten Menschen ihres Klosterlebens halfen, ihre Visionen, theologischen und anthropologischen Gedanken druckreif zu formulieren und niederzuschreiben. Auf allen Bildern sieht man sie mit aufgeschlagenem Buch, das Moses Gesetzestafeln gleicht. Wie wir sie in Illustrationen der Szene auf dem Berg Sinai sehen. Beweis dafür, dass man damals ihre Werke für ebenso wichtig hielt wie die in Stein gehauenen des alttestamentarischen Gottes.

Eine gute Gelegenheit, sich Hildegards Gesicht auf einer Miniatur anzusehen. Größere Bilder gibt es erst viel später. Mehr oder weniger gelungene, sicher aber zeitgebundene Abbildungen der Heiligen als fromme Seherin.

Mit Strahlen von ihren Augen bis zum gedachten Himmel am oberen Rande des Bildes. Bilder mit der Schreibenden schmücken Altäre, Klostergänge, Portale. Interessieren nur Gläubige und Historiker. Kunstliebhaber kaum.

Am eindrucksvollsten die Bilder Hildegards in zahlreichen Miniaturen der damaligen Zeit. Einfache Zeichnungen ohne künstlerische Attitüde. Die kluge Buchschreiberin. Gekleidet im schlichten Ordensgewand der Benediktinierinnen. Hals und Stirn eingebunden in weißes Nessel. Erhöht der hölzerne Armsessel, auf dem sie Platz genommen hat, um weiter zu schreiben. Den Federkiel in der Rechten. Das aufgeschlagene Buch auf den Knien. Die Augen aufwärts gerichtet, zu empfangen. Bevor sie es niederschreibt.

Dieses Gesicht ist wie eine Ikone. Immer das gleiche in allen Miniaturen. Festgeschrieben am Gesetz der Unwandelbarkeit dessen, den sie liebte. Auf ein Minimum

klarer Konturen beschränkt Geöffnet wie eine Schale, könnte man meinen. Die darauf wartet gefüllt zu werden. Keine Farbe lenkt vom Grundsätzlichen ab. Nur im Gewand und in der floralen Umgebung leuchten sie wie ein sommerlicher Garten. Blume unter Blumen, könnte ein Poet schreiben. Und versuchen, das Dahinteriegende im Vordergründigen zu implementieren. Das Rätsel wäre die Lösung.

Hildegards Bücher sind Illuminiert. Im wörtlichen Sinn. Festlich leuchtende Ovale mit schmückenden Ornamenten und Symbolen. Es ist, als wirke der geschriebene Text auf den gegenüberliegenden Seiten stärker durch das farbige Bild vis à vis. Damalige Betrachter könnten sie überirdisch empfunden haben. Das kleinste symbolische Detail gekannt und seine Bedeutung. Details, die wir nicht mehr kennen. Es sind wundervolle kleine Kunstwerke. In denen Ozeanblau, Maigrün, Weizengelb und Traubenrot quasi mystische Wirkung entfalten. Und doch so konkret sind. Schön zum Küssen.

Das Original ihres Hauptwerkes ‚Scivias' ist seit Ende des zweiten Weltkriegs verschollen. Es existiert nur eine gut gelungene illuminierte Kopie von 1939. Zu bewundern in der Abtei Sankt Hildegard in Eibingen.

Hildegard und Musik sind nicht zu trennen. Ihre Psalter und mehrstimmigen Gesänge heute wieder aktuell. Ihrer Klarheit wegen. Der durchscheinend transparenten Stimmführung in Chorälen. Des lebendigen, sogar dramatischen Schwungs ihrer Melodien. Revolutionäres Neuland gegenüber bis dahin üblichem, gleichförmigem Singsang Gregorianischer Choräle mit ihrem begrenzten Tonumfang. So eindrucksvoll es ist, sie in einer romanischen Basilika zu hören.

„Musik ist die schönste Art und Weise Gott zu preisen." Für diese ihre Überzeugung findet sie einen Formenreichtum, den es bisher nicht gab. Virtuos geradezu manche Kadenzen. Ausdruck ihrer jubelnden Gottesliebe, so deuten es ihre Anhänger. Sie schrieb die Texte, komponierte dramatisch bewegte, jauchzende Tonfolgen. Ihre Kompositionen sind in zwei Handchriften überliefert. Das Ensemble für frühe Musik Augsburg eines von wenigen, die Hildegards Musik authentisch zu Gehör bringen.

Sie spielte auch Instrumente. Auf einer Miniatur des 12. Jahrhunderts sieht man sie mit dem Hackbrett auf den Knien. Einem Instrument, dessen Saiten wie bei einer Zither über einen Holzkasten gespannt sind. Guckt versonnen vor sich hin. Das Rätsel hinter ihrer Stirn offenbar. Zupft mit den Fingern beider Hände Klänge. Von denen man annehmen könnte, sie klingen in ihren Ohren wie das, was hinter ihrer Stirn seit Ewigkeiten klingt. Ihr geliebter Gott? Oder sind es Ausgeburten fiebernder Fantasie? Migräneanfälle? Oder doch Gott? Ihr irdisches Leben endete mit 81 Jahren in Bingen am Rhein. Das Rätsel bleibt ein Rätsel.

Johann Wolfgang von Goethe

Der Grandsigneur deutscher Schreibkunst scheint alles gesagt zu haben. Was die Welt betrifft. Was ihn selber betrifft. Ob er sich meint? *„du bist am Ende was du bist – setz dir Perücken auf von Millionen Locken – setz deinen Fuß auf ellenhohe Socken – du bleibst doch der du bist.“* Er lässt sich gut zitieren. Für jede Gelegenheit, jeden Anlass findet sich ein Goethespruch, den man höflicherweise Zitat nennt. Einen Johann Wolfgang von Goethe darf man nur zitieren. Und dabei ein wissendes Gesicht machen.

Hiner seiner hohen Denkerstirn scheint das Licht der Erleuchtung nicht zu erlöschen. Es denkt und denkt und denkt. Und wird noch lange denken. Denken wir. Die Themen seiner Gedichte, Dramen, Essays sind aktuell wie eh und je. Unerschöpflich. Noch 182 Jahre nach seinem Abtritt von dieser Bühne glimmt oder strahlt es und springt in die Köpfe von Menschen, die ich Zitierer nennen möchte. Die zwar das Einmaleins beherrschen. Von Literatur, ihren tieferen Beweggründen und dehnbaren Interpretationen aber keinen Schimmer haben. Bis auf das Zitat, das sie wörtlich nehmen. Als hätten sie´s selber geschrieben.

Wie kommt´s, dass dieser Herr von Goethe in so vieler Munde ist? Texte von ihm zu kennen, ist Bildung. Gotthold Ephraim Lessing nicht notwendig. Homer überflüssig. Schiller na ja. Schweizer sehen das umgekehrt. Kein halbes Jahrhundert nach Schillers Drama ‚Wilhelm Tell' gründeten die cleveren Schweizer ihren Bundestaat. „Wir sind ein einzig´ Volk von Brüdern." Freund Schiller war politisch engagiert. Vielleicht weil er unter dem Kuratell seiner Landesherren litt.

Geheimrat war Goethe nicht von Anbeginn. Obwohl er in unserem Sprachgebrauch so tituliert. Es scheint, Deutsche schmücken sich gern mit fremden Federn. Er also der Sohn einer wohlhabenden Familie in Frankfurt am Main. Einer von fünf Kindern. Von denen nur er und Schwester Cornelia das Kindesalter überlebten. Hätschelhans von Mama Katharina Elisabeth gerufen.

Privatlehrer brachten beiden bei, was man damals für wichtig hielt. In gehobenen Kreisen. Französisch, Englisch, Italienisch, Latein und Altgriechisch. Auch naturwissenschaftliche Fächer, Mathematik, Biologie, Chemie. Religion und Zeichnen. Obendrein noch das Cello traktieren, Fechten und Tanzen. Genug, genug. Heute müssten Eltern den Psychotherapeuten holen. Bei soviel Anforderungen. Weniger ist mehr, so redet man sich raus. Und weiß nicht, dass es ein Zuviel nicht gibt.

Gutenachtgeschichten waren Goethes erster Kontakt zur Literatur. Mit zehn, zwölf Jahren erfand er selber Märchen. Kritzelte sie in einen Block. Las sie nach dem Abendessen daheim und vor Freunden. Damals schon feierte man ihn als begabten Knaben. In den zweitausend Bänden der Bibliothek seines Vaters entdeckte er das Volksbuch vom Dr. Faust. Verschlang es. In seinem Drama lebte vieles wieder auf.

Erste Liebe Käthchen Schönkopf animierte den Siebzehnjährigen zu dichten. Anfangs im noch üblichen steifen Stil des Rokoko. Die Liebeserfahrung mit der jungen Frau aber machte ihn mutiger. Durch seine Gedichte wehte bereits erster Sturm und Drang.

Die gerühmten, vielgespielten französischen Dramen lernte er kennen, als im Siebenjährigen Krieg ein hochgebildeter französischer Offizier bei ihnen einquartiert war. Frankreich zog ihn an. Aber erst mal studieren. Während des Jura-Studiums im weltoffenen Leipzig, diversen Übungen in Kupferstechen, Holzschneiden und Poetik erlitt er einen Blutsturz. Tuberkulose. Nutzte die Rekonvaleszenz zum Studium von Mystik und Allchemistischen Schriften.

Genesen studierte er in Straßburg Jura zu Ende. Seine Dissertation wurde kritisiert, weil er im letzten Kapitel Kirchenfeindliches – Ketzerisches äußerte. Friederike Brion seine Geliebte. Zwei Jahre dauerte die Liaison. Sie trennten sich. Er scheute es, sich fest zu binden und heulte wie ein Schlosshund.

„Der Abschied wie bedrängt, wie trübe – aus deinen Blicken sprach dein Herz – In deinen Küssen welche Liebe, o welche Wonne welcher Schmerz – du gingst, ich stund und sah zu Erden – und sah dir nach mit nassem Blick – und doch welch Glück geliebt zu werden – und lieben, Götter, welch ein Glück.“

Es hörte nicht mehr auf. Innerhalb vier Wochen schrieb er die ‚Leiden des jungen Werther'. Hoch emotionale Geschichte, dessen Autor selber ein Werther war. Werther-Fieber nannte man das, was quasi ganz Europa erfasste. Auch der junge Bonaparte verschlang das Buch. Goethes Werther ein Massengeschäft? Der Verkauf lahmte. Raubkopien aber weit gestreut. „Das Kraut wurde nicht fett“, so der Autor. Ein Bestseller. Warum?

Der Briefroman war mit Herzblut geschrieben. Er ist letztlich autobiografisch. Seine platonische Liebe zur fest verlobten Charlotte Buff unerfüllbar. Sein Freund Karl Wilhelm Jerusalem tötete sich selbst. Nachdem er die geliebte Frau ebenfalls nicht gewann. Sie war verheiratet. Das Werther-Thema. Damals ein Drama. Heute kein Anlass für einen Suizid. Scheidungen überlebt man.

Den ‚Götz von Berlichingen' erwähnen heißt: „sag´s ihm er kann mich im Arsche lecken.“ Auch ein großer Erfolg damals. Wer so grobe Worte auf die Bühne brachte, musste ein Hundsfott gewesen sein. Oder ein gottgleiches Genie. Goethe in seinen besten Jahren. Präsent in Gelehrtenkreisen, auf Kaffeekränzchen. Bei politischen Gesprächen kluger Diskutant. Wie müssen wir uns sein Gesicht vorstellen?

Portraits gibt es zahlreiche. Am einprägsamsten ist das von Tischbein. Goethe in der Campagna, Italien. Dem Land, in dem die Zitronen blühn und Neapel, die Stadt am Golf, süchtig macht. Neapel sehen und sterben. Romantisch verschwommener Ausruf südsüchtiger Germanen.

Kein Goethe. Der litt auf der langen Reise, Charlotte von Stein nicht bei sich zu haben. Schrieb ihr sehnsuchtskranke Briefe. Was aber seine Aufmerksamkeit für italienische Verhältnisse nicht minderte. Besonders nicht für ihre hübschen Frauen. Sie erlagen reihenweise dem Charme und der Männlichkeit dieses Deutschen.

In seinen Reisetagebüchern berichtet er sachlich mit dem Impetus des einfühlsamen Poeten über seine Eindrücke von Landschaft, Antiken, Städten, Wirtshäusern und Menschen. Ohne romantisierende Attitüde. Was ihm vor allem zeitgenössische deutsche Autoren vorwarfen.

„Ich bin nicht hier um zu genießen, zu erleben. Sondern um zu schauen, lernen, verstehen.“ Häufig reiste er inkognito. Als Filipo Miller, deutscher Maler. Oder Kaufmann Philip Möller aus Leipzig. Werther-Fans sollten ihn nicht belästigen. In den zweiunddreißig Monaten seiner Italienreise reiften im Stillen große Werke. Ohne dass ein Wort von ihnen aufs Papier kam. ‚Metamorpho-

sen', ‚Westöstlicher Divan', das Festspiel ‚Pandorra' und die Schlussfassung des ‚Faust'.

Zweiundvierzig Jahre nach seiner Rückkehr aus Italien schrieb er auf der Grundlage von Tagebuchnotizen und Handskizzen ‚Die italienische Reise'. Quasi die Fortsetzung von ‚Dichtung und Wahrheit', dem Bekenntnis seiner frühen Jahre.

Sehen wir uns das Bild von Johann Heinrich Willhelm Tischbein an. Die beiden waren befreundet. Besuchten sich in Italien. Tischbein muss Goethes Erfolg zu Ohren gekommen sein. Er malte ihn wie einen Gott. Lässig auf ledernem Sessel mehr liegend als sitzend. Mitten in der campanischen Landschaft. Mit skulptierten Marmorblöcken und kannelierten Säulen. Goethe weiß und weit ummantelt. Der breitkrämpige Hut, eine Seite hochgeschlagen, beherrscht die Szene.

Das Gesicht im Profil. Typisch für ihn die Adlernase Blickt wie Genies immer blicken. Geradeaus. Als interessiere sie diese Welt nicht. Dabei sind auch Genies von ihr abhängig. Ihrem Applaus. Ihrem Geldbeutel. Nun, er muss großes Selbstbewusstsein gehabt haben. Wer lässt sich schon in königlicher Haltung von einem erfolgreichen Maler portraitieren? In Gottes freier Natur. So, als gehöre ihm alles.

Es könnte interessant sein, herauszufinden, ob er sich als ein solcher Übermensch fühlte. Als Minister besaß er Macht, andere nach seiner Pfeife tanzen zu lassen. Landschaften mit Bergen, Tälern, Seen und Meer an blühenden Gestaden liegen zu seinen Füßen wie ein Geschenk der Götter. Geldsorgen hatte er keine. Freunde wenige. Wie alle Genies. Blieb ihm nur sich selbst zu sehen als Mittelpunkt der Welt? Könnte sein. Genau wissen wir es nicht.

Zugegeben, sein Gehirn sachkundig, außergewöhnlich die Kapazität. Wusste eine ganze Menge. Über die Natur, die Anpassungsfähigkeit, Metamorphose der Pflanzen. Geologie interessierte ihn und Steine. Als Direktor einer neu gegründeten Bergwerkskommission in Sachsen reaktivierte er den Gold- und Silberabbau. Er stieg auf Berge, kletterte in felsige Abgründe. Suchte und fand. Prüfte, verglich und glaubte zu erkennen, alle Steine sind Kristallisationsprodukte des Urmeeres. Sammelte bis zu seinem Tode Steine und ließ sie sich schenken. Kam zum Schluss auf ca. 17800 Exemplare.

Granit sein Lieblingsgestein. Unterstellte, Granit sei ein Symbol der Heiligen Dreifaltigkeit. Bewiesen durch drei auf einander aufbauende Mineralien: Feldspat, Quarz, Glimmer. Komisch, der Freigeist ist seinen Konfirmandenunterricht nicht losgeworden. Und mit ihm den rätselhaftesten aller Glaubensätze.

Goethes Farbenlehre basierte auf Untersuchungen des Physikers Newton. Stellte sie nach. Ließ eine Dunkelkammer bauen. Schickte einen Lichtstrahl durch ein kleines Loch auf ein Glasprisma. Entdeckte, sobald das Licht den Glaskörper durchdrang, spreizte es sich zu einem Bündel verschiedener Farben. Das sogenannte Farbspektrum leuchtete auf. Also die Farben von Blau über Grün zu Gelb, Orange und Rot. Ein Spektrum, das sich auch ganz kurz in den geschliffenen Facetten eines Weinglases zeigt. Wenn tiefstehende Abendsonne sie kitzelt.

Goethe untersuchte weiter. Entdeckte, die Farben überlagern sich, wenn das Umgebende sie eingrenzt. Verändern sich folglich. Hielt sich für den besseren Newton. Seine Farbenlehre wichtiger für die Menschheit als seine poetischen Ergüsse.

Goethes Einstellung zu Napoleon im Grundsatz positiv. Seine erste Einladung zu einem geheimen Konsilium führender Staatsmänner lehnte er zwar ab. Schützte Gesundheitsprobleme vor. Vermutlich wollte er nicht mit Siegern und Ministerkollegen in aussichtslosen Verhandlungen diskutieren. Napoleon hatte gerade bei Jena und Auerstedt einen glänzenden Sieg über die preußisch-sächsische Armee errungen. Goethes Gönner Herzog Carl August jetzt ohne Macht und Einfluss.

Napoleons zweite Einladung am 2. Oktober 1808 galt dem Dichter. Nicht dem Politiker. Goethe nahm sie sofort an. Gerne weil Tailleyrand dabei war. Dessen staatsmännische Talente er schätzte. Offiziell hieß es Audienz, wie bei gottähnlichen Potentaten üblich. Päpste eingeschlossen. Goethe betrat den Raum.

Seine Majestät blickte ihn prüfend an: *„Voilá un homme!“* Worte, die unser Verseschmied nicht mehr vergaß. Seht, welch ein Mensch. *„Wie alt?“* fragte der Kaiser. *„Sechzig, Majestät“. „Er hat sich gut gehalten“.* Sie ignorierten die anderen Gäste. Redeten über Literatur, Kunst und Theater. Die eiserne Hand Götz von Berlichingens. Die leidenschaftliche Liebe. Als junger General hatte Napoleon den Götz in der Comédie Française gesehen. Den ‚Werther' verschlungen, kaum war er auf Französisch erschienen. Im Gespräch mag er an Josephine, seine Frau gedacht haben. Litt wie der junge Hauptdarsteller im Roman. Nachfühlbar. Josephines Schlafzimmertür stand nicht wenigen Verehrern offen.

Die Audienz verlief trocken. Es gab kein Huhn. Kein Gläschen Madeira. Nicht einmal Croissant et café au lait. Keine Tasse Tee. Den Orden der Ehrenlegion erhielt Goethe am folgenden Tag.

„Was für ein Kerl!“ So Goethe bei einem späteren Gespräch mit Eckermann. Er verehrte l´Empereur als Überwinder der Revolution. Wiederhersteller staatlicher Ordnung. Schöpfer des „Code Napoleon“, Gesetzesgrundlage bis heute. Er sah aber auch in ihm die exemplarische Verkörperung des Dämonischen. Über Vernunft und Moral erhaben. Schicksalhaft, unausweichlich notwendig.

Entdecke einen Antwortbrief von Napoleon an seine Josephine. Zwischen Schlacht und Schlacht geschrieben: „*Soeben erhalte ich Deinen Brief. Was Du darin mir von Damen schreibst, mit denen ich Briefe austauschen soll, verstehe ich nicht. Ich liebe nur meine kleine, schmollende, kapriziöse Josephine. Die in allem, was sie tut, selbst wenn sie zankt, anmutig ist.*“ Wer hätte das gedacht? Von einem, den man nur als siegbesessenen Krieger kennt. Eines der Rätsel hinter der Fassade N ?

Nietzsche formulierte Goethes Verhältnis zu Napoleon mit seiner für ihn typischen Begrifflichkeit, in Latein: „Goethe hatte kein größeres Erlebnis als jenes *ens realissimum*, das Napoleon heißt.“ Wörtlich übersetzt: das wirklichste Sein. Sage es auf meine Art: Alles, was Menschen sein können konzentriert in einer Person.

War nicht auch der Geheimrat ein solches Phänomen? Mensch und Universalgenie in einer Person? Geliebt von Frauen, gefürchtet von Theaterdirektoren. Hoch geachtet und nicht immer verstanden von denen, die seine Bücher lasen. Zitiert von solchen, die sich abheben wollten von der niederen Welt der Plebejer. Aufsteigen zu dem, der bereits oben war. Damals so und heute kein bisschen anders. Nur – die Zahl der Goethekenner ist kleiner geworden. Größer die der Kunstbanausen.

Zum Glück für uns Kleingläubige, dass alles schriftlich fixiert ist von ihm. Über das Leben, die Liebe. Gott und den Teufel. Wissenschaftliche Erkenntnisse Nachfahrender bauten auf seinen auf. Scharen von Schülern und Adepten schleppten Iphigenie, Tasso, den zweiteiligen Faust in ihren Mappen, zu studieren. Schwärmer und Nachdenkliche verkrochen sich in tiefe Sessel und lasen seine Gedichte. Ist heute noch von Goethe die Rede, denkt man gleich universell. In großen Dimensionen. Er eroberte die Hirne dieser Erde, wie Napoleon Länder. Oder waren es bei beiden die Herzen?

Verzichte darauf, seine Werke aufzuzählen. Es würde die Thematik dieses Buches verwässern. Bleiben wir bei seinem Gesicht. Sieht man ihm an, dass er ein Universalgenie war? Oder wissen wir es und sehen es infolgedessen so? Betrachten wir Tischbeins Portrait.

Spätere, die ihn mit Orden dekoriert zeigen und immer der gleichen hohen Stirn über wachen Augen. Irren wir als Betrachter, wenn wir glauben, ein Gesicht spricht die Wahrheit? Die bisherigen Beispiele in diesem Buch strafen eine solche Annahme Lügen. Gesichter sind Fassaden und bleiben es. Äußerlichkeiten.

Hinter die Fassaden anderer zu schauen müht sich die halbe Menschheit. Möchte Klarheit, keine Überraschungen erleben. Das Gesicht verdeckt viel, wenn nicht alles, was einen Menschen ausmacht. Ein Pokergesicht täuscht Selbstgewissheit vor, die Unsicherheit überspielt. Das freundlich lächelnde einen guten Charakter, der in Wahrheit ein mieser ist. Ein ernstes Gesicht lässt auf einen schließen, der es nicht leicht hat in seinem Leben. Dabei ist er nur müde von zu vielen Überstunden. Grinst einer bei jeder sich bietenden Gelegenheit, hält man ihn für einen Schelm. Oder hat er

böse Absichten? Schauspieler haben viele Gesichter. Das der Rolle, die sie spielen. Dahinter bleibt alles im Dunkeln. Spielen wir nicht alle verschiedene Rollen? Da soll einer klug draus werden. Sehe ich mein Gesicht im Spiegel, frage ich mich: Wer bin ich eigentlich?

Ob Johann Wolfgang von Goethe sich selbst kannte? Als das Universalgenie schlechthin? Keine Ahnung. Vielleicht geahnt. Vielleicht damit koketiert gelegentlich. Für Historiker, Deutschlehrer, Leser und Theaterbesucher ist er ein Universalgenie. Das Universum seiner zahlreichen Begabungen im Hinterkopf. Genie und Mensch in einer Person. Hätte er sonst in unseren Herzen Himmel und Hölle erblickt? Und beschrieben mit trefflichen Worten?

Dieses Klischee prägte anderthalb Jahrhunderte unser Bild von ihm. Maler und Bildhauer gaben sich große Mühe, diesen Hero angemessen darzustellen. Souverän und überlegen. Mir fällt die Achtmeterfigur des römischen Kaisers Augustus ein in der Arena von Orange. Ähnlich selbstbewusst und wirkungsmächtig Herr Johann Wolfgang von Goethe. Ein Auge gnädig gerichtet auf unsere Unzulänglichkeit. Das andere auf die Vollkommenheit des Himmels.

Eine zeitgenössische, schlichte Zeichnung von ihm auf dem Totenbett zeigt einen anderen Goethe. Alt geworden, sehr alt. Wie wir wissen verfehlte er knapp das dreiundachtzigste Jahr. Der Zeichner krönte ihn mit einem Lorbeerkranz. Einer Auszeichnung, die in der

Antike Siegern zufiel. Später Poeten wie Dante und Petrarca. Poeta laureata.

Leicht erkennt man den Mann an seiner großen Adlernase. Der erhabenen Stirn. Eher ungewohnt die eingefallenen Wangen, die zusammengepressten Lippen, als hätte er keine Zähne mehr. Also ein alter Mann wie andere alte Männer? Am Ende seines Lebens. Wenn man´s nicht anders wüsste, nähme man keine Notiz von ihm. Wir aber wissen, er war ein gefeierter Star, mit der Aura der Unsterblichkeit. Verpflichtet sich selbst. Auf allen Bildern lesen wir es in seinem Gesicht wie ein Vermächtnis.

Auf dieser Zeichnung durfte er ein Sterblicher sein. Uns nahe. Einer, der uns mit seiner Poesie, seinen Bühnenstücken nachdenklicher und ein klein wenig glücklicher macht. Trotz der einen oder anderen Frage.

Rosa Luxemburg

Wer in dieses Gesicht sieht, kommt nicht im Traum auf die Idee, dass sie eine waschechte Kommunistin ist. Eher eine Intellektuelle aus besseren Kreisen. Ein wenig introvertiert. Eigensinnig. Interessiert an Büchern, den schönen Dingen dieser Welt. Nun ja.

Dass meine Mutter eine Sympathisantin dieser Frau war, hielt ich lange für ein Gerücht. Meine Mutter eine Linke? Solche Töne erinnere ich nicht im Elternhaus. Vielleicht bevor sie meinen Vater heiratete? Kann mir schon vorstellen, die außergewöhnliche Rosa passte zur außergewöhnlichen Elli, die meine Mama war.

Allerdings hörte ich es auch von ihrer jüngsten Schwester Mia. Deren Glaubwürdigkeit in den Augen von Vettern und Schwägern geradezu sprichwörtlich war. Kluges Kind, verfocht vehement, was ihr zustand. Das zweite Brötchen beim Frühstück. Den Platz am Schreibtisch des Abteilungsleiters. Ihre Überzeugung: Frauen haben alle Chancen in männlichen Domänen.

Tante Mia kletterte nach jahrelangen wortreichen Protesten, geschickt untergejubelten Leistungsnachweisen die Stufenleiter höher als ihre männlichen Kollegen. Weil sie besser war. Und nicht auf den Mund gefallen.

Straßenkämpfe verabscheute sie zwar. Sympathisierte aber offen mit Rosa Luxemburg. Wie ihre Schwester Elli, meine Mutter. Weil sie Frauen waren? Die wirtschaftlichen Verhältnisse damals alles andere als gut. Börsenkrach 1929. Inflation. Sieben Millionen Arbeitslose. Es musste etwas geschehen. Rasch.

Das Stichwort Luxemburg habe ich nicht vergessen. Bei einer Bank im kleinen Nachbarland suchte seinerzeit unser Barvermögen nach seriösen Beratern. Noch eines vergaß ich nicht. Rosa Luxemburgs: *„Freiheit ist immer Freiheit des anders Denkenden!“* Das Credo einer klugen Frau ist auch meines. Sie erklärte es so: „Freiheit nicht wegen des Fanatismus einer Gerechtigkeit. Sondern weil all das Belebende, Heilsame und Reinigende der politischen Freiheit an diesem Begriff hängt. Seine Wirkung versagt, wenn Freiheit zum Privilegium wird.“ Lassen Sie mich von dieser Frau erzählen.

Eigentlich hieß sie Rozalia Luksenburg. Geboren in Zamsc, einem von Russland kontrollierten Gebiet Polens. Jüdin aus bildungsbürgerlicher Familie, die ihre Kinder aufs Gymnasien schickte, Abitur machen ließ. Rozalia war schon als Abiturientin interessiert an den unzulänglichen Verhältnissen in Polen und anderen Ländern Europas. Aktiv in illegalen politischen Zirkeln. Verhaftung drohte. Floh in die Schweiz.

Rosa, so nannte sie sich inzwischen umgangssprachlich, begann 1890 ein Studium in Zürich. Der einzigen Uni in Europa, die auch Frauen immatrikulierte. Gleich berechtigt mit männlichen Kommilitonen. Anfangs interessierte sie Philosophie, Mathematik, Botanik, Zoologie. Später zusätzlich Völkerrecht und die entlarvende Geschichte der Wirtschafts- und Börsenkrisen.

Verliebte sich in den Polen Leo Jogiches. Einer der Kerle, die Frauen nicht nur um den Verstand bringen. Sondern sie auch konspirative Methoden lehren. Im Sinne des Marxismus. Rosa griff begierig zu. Neues Thema Gerechtigkeit für alle. Sie las das ‚Kapital' und schrieb ihre ersten Aufsätze zum Thema ‚Internationale'. Leo Jogiches finanzierte Lebensunterhalt und Studium. Rosa schloss es als Beste des Semesters ab.

Wurde Zeitungsredakteurin. Ihre Stellungnahmen zu Tagesproblemen schrien nach Öffentlichkeit. Sie nahm an der ‚2. Internationale' in Zürich teil. Das marxistische Programm hatte sie gefesselt. Ließ sie nicht mehr los. Bestimmte von nun an ihr ganzes Denken und Handeln.

Heiratete den Deutschen Staatsbürger Gustav Lübeck, nur um die deutsche Staatsbürgerschaft zu erhalten. Und in der Deutschen Arbeiterbewegung mitarbeiten zu können. Wenn eine Rosa Luxemburg aktiv wurde, war der Staat besonders wachsam. 1904 saß sie drei Monate Gefängnis ab wegen Majestätsbeleidigung. Zwei Jahre später wegen Anreizung zum Klassenhass. Kurz vor Kriegsausbruch ein Jahr Gefängnis. „Wegen Aufforderung, den Gehorsamsverweigerung gegen Gesetze und Anordnungen der Obrigkeit". So knarzte es im damaligen Amtsdeutsch. Rosa forderte auf, den Kriegsdienst zu verweigern. Verhandlung in Düsseldorf wegen Hoch- und Landesverrat. Knast in Berlin. Alles das konnte sie nicht irre machen.

Engagierte sich nach ihrer Freilassung mit dem Russen Leo Trotzki für die erste bürgerlichdemokratische Revolution. Mischte sich in Lenins Pläne ein. Per Saldo kann man sagen, beide bereicherten die marxistische Theorie und Publizistik. Heute noch Gegenstand der Forschung.

Rosa arbeitete für die deutsche Sozialdemokratie. Gründete im ersten Kriegsjahr 1914 die ‚Gruppe Internationale', aus der später der Spartakusbund hervorging. Vorübergehend eingesperrt. Wieder frei veröffentlichte sie gemeinsam mit Karl Liebknecht politische Schriften. Stellte sich hinter Lenins Oktoberrevolution. Kritisierte aber gleichzeitig die Parteidiktatur der Bolschewiki. Sah die Freiheit des Einzelnen in Gefahr.

Während der Novemberrevolution 1918 versuchte sie als Redakteurin der Zeitung ‚Die rote Fahne' Einfluss zu nehmen aufs Zeitgeschehen. Formulierte das Programm des Spartakusbundes. Forderte das Frauenwahlrecht. Eine Räterepublik und die Entmachtung des nach Kriegsende immer noch aktiven Militärs. Erinnere General Hindenburg, den ersten Reichspräsidenten von Hitlers Gnaden.

Rosa nach wie vor hyperaktiv. Gründete 1919 die erste Kommunistische Partei Deutschlands. Die Genossen akzeptierten zwar ihr Programm, lehnten aber eine Teilnahme an den bevorstehenden Parlamentswahlen ab.

Sahra Wagenknecht, eine neue Rosa Luxemburg, hat es dagegen geschafft. Lange bevor sie mit Oskar Lafontaine eine Liaison einging. Kämpferisch ja, aber mit friedlichen Mitteln. Ihre Linke ist salonfähig geworden. Sahra bringt der Genossin im Geiste Blumen ans Grab. Pünktlich an jedem 19. Januar, ihrem Todestag. Der Tag, an dem sie mit Karl Liebknecht von Soldaten der Garde-Kavallerie-Schützendivision verschleppt wurde. Im Hotel Eden verhört und misshandelt. Beim Abtransport ermordet. Am 31. Mai 1919 findet man ihre Leiche im Landwehrkanal.

Was sind das für Frauen? Rosa Luxemburg? Sahra Wagenknecht? Meine Mama? Ihre Gesichter sind anders schön. Jedes auf individuelle Weise. Wie nur Frauengesichter sein können: Liebenswert mit einem Minimum von Eigensinn. Man sieht ihnen nicht an, welcher Partei sie angehören. Aber sie sind entschlossen, Partei zu ergreifen. Menschen zu helfen. Man spürt eine elementare Kraft in Rosas Gesicht, Gerechtigkeit für alle zu realisieren und Frieden. Männer halten ihre Meinung bei diesen Themen aus taktischen Gründen zurück. Oder vernebeln ihre Umwelt mit unerfüllbaren Heilsversprechungen.

Rosa veröffentlichte zahlreiche Schriften zu Themen der Ökonomie, ihren Methoden der Gewinnmaximierung. Den Menschen im Arbeitsprozess. ‚Die Akkumulation des Kapitals' erklärt den ökonomischen Imperialismus. Streben nach Weltherrschaft mit Mitteln des Kapitals.

Was also erkennen wir aus dem Gesagten? Rosa Luxemburg eine fanatische Kommunistin? Die für ihre Überzeugung das Leben riskiert? Lesen wir anderes von ihr: *„Dann sieh, dass du Mensch bleibst. Mensch sein ist von allem die Hauptsache. Und das heißt fest und klar und heiter sein. Ja, heiter trotz alledem und alledem. Denn Heulen ist das Geschäft der Schwäche"*.

Hätten Sie´s gedacht? Mich hat es beeindruckt. Nach allem Kämpferischen bisher in dieser Story überrascht sie mit menschlichen Gefühlen. In einem Brief aus dem Berliner Gefängnis: *„Ich umarme Sie in großer Sehnsucht."*

Meine Tante Traute

Sie ist 103 Jahre alt geworden. Ihr von unzähligen Fältchen durchfurchtes Gesicht wie eine felsenrissige Landschaft. Hinter der man nichts anderes vermutet als Jahrzehnte einseitig angestrengter Arbeit. Kennte man sie nicht. Wir aber wissen, sie war mit allen Wassern dieser Welt gewaschen. Kenne sie wach und interessiert an allem. Ihre bernsteinhellen Äuglein zwischen den wimpernlosen Lidern zwinkerten immerzu. Als könnte sie dann schärfer sehen. Mit oder ohne Zwinker sah sie alles messerscharf. Menschen, Verhalten, Hintergründe. Sie brauchte weder Brille noch Nachhilfeunterricht. Ihr Sensorium war hoch entwickelt. Wie ihre Beinmuskulatur. „*Bin pumperlgsund.*" Sagte sie, wenn wir fragten.

Bis zu ihren drei Stürzen und anschließender Immobilität vier Jahre vor ihrem Tod ging sie jede Woche zum Tanz. Gesellschaft genießen, Gespräche. Kletterte bis auf halbe Höhe des Matterhorns. Irgendwas oder wem näher zu sein. Entspannte sich vier Wochen in Altaussee. Zeit nachzudenken und Lust sich bedienen zu lassen. Flog zweimal im Jahr nonstopp von Wien nach Hongkong und zurück. Den Sohnemann besuchen. Der nie Zeit hatte für einen längeren Gegenbesuch bei seiner Mutter im Pensionistenheim. Geschäfte. Geschäfte.

Mit dem Bus schaukelte sie sieben Stunden bis Montegrotto. Um uns zu besuchen. „War die Reise anstrengend?“ *„Naa, aber sehr langweilig. Sieben Stunden nur geguckt. Und nichts richtig gsehn.“*

Drei Wochen Fangokuren und Herumtollen im 24 Grad warmen Thermalbad taten uns gut. Tantchen lag derweil auf der bequemen Liege. Freundliche Palmen wedelten ihr Kühlung zu. *„Na, I geh nit schwimmen. Des Woasser ist mir vuel zu warm“* Schüttelte sich. Schob das Badetuch von sich, sodass man ihre muskulösen Oberschenkel sah. Blickte hoch zu den Palmen ob der Wind noch wehe. Und las weiter die neuesten Nachrichten im ‚Wiener Kurier'. Auch wenn sie schon eine Woche alt waren.

Richtiggehend aufgeregt war sie, wenn wir eine Fahrt in die Euganeischen Hügel ankündigten. Im bequemen Auto gefahren werden war für sie wie ein nachträgliches Weihnachtsgeschenk. Die Hügel hinauf und wieder hinunter. Vorbei an einsamen Bauernhöfen, Wiesen, Wäldern, Kirchen und Schulgebäuden. Aus denen Scharen schreiender Kinder auf die Straße stürmten und Autolenker vor Schreck auf die Bremse traten. Und meinten jetzt durchstößt ihr rechter Fuß das Bodenblech.

In den sanften Kurven entspannte sich alles. Tante Traute lehnte sich bequem ins Polster der Rückbank.

Ihr Gesicht klebte an der Fensterscheibe. Die Augen beim raschen Vorüberfliegen aufgerissen, nichts zu verpassen. Hauptsache dabei sein. Bald das gemeinsame Essen genießen. Der Spiegel zeigte nur ihren Wuschelkopf. Lauter kruseliges, weißgraues Gekräusel. Wie die Fortsetzung ihres Gesichts mit anderen Mitteln. Interessant für den Fotografen. Von welcher Seite fotografiert, immer war es Traute. Grauweißgrau verwirbelte Landschaft. Mit rosigen Flecken und dunklen Sommersprossen auf der Fassade. Da wo zwischen den zwinkernden Augen die Nase ihre beherrschende Stellung behauptete. Traute hatte meist den richtigen Riecher.

Roch, wenn in der Pfanne das Fleisch brauner wurde als gewollt. Bevor es verbrannte und ungenießbar war. Schnupperte im Wind das kommende Gewitter, lange bevor wir es hörten. Roch die Judenmorde schon, als andere noch ihr Brot mit zehn Billionen Reichsmark bezahlten. Sie roch den Krieg, als Daladier und Chamberlaine sich ihren Völkern hochtönend als Friedensengel präsentierten. Irritiert vom Klartext eines gewissen Herrn Hitler. Im Krieg witterte sie, davon zu kommen, als ihr Mann für Führer und Vaterland bereits sein Leben lassen musste. In den Hungerjahren nach Kriegsende roch sie den Braten in jeder Küche. Zeigte auf ihren Fünfjährigen. Und bekam ein Stück davon.

Einzige Ausnahme: Als sie sich vom Talar ihres Mannes, er war Pastor, ein Jackenkleid genäht hatte, ahnte sie die Katastrophe nicht rechtzeitig. Sonst hätte sie das Kleid beim Besuch des Bischofs nicht angezogen. Nicht auch noch erzählt. Nachkriegszeiten waren Notzeiten. Der aber schimpfte sie aus, sagte es sei ein Sakrileg. Verbannte die studierte Theologin aus allen religiösen Veranstaltungen seiner Kirche. Was nun?

Wieder hielt sie ihre Nase in den Wind. Besann sich auf etwas, das ihr Leben umkrempeln wird. Im Theologiestudium lernte sie nicht nur christliche, auch andere Religionen kennen. Fernöstliche interessierten sie besonders. Las Bücher, studierte die Weltsicht des Buddhismus. Eine gewisse Unsicherheit überfiel sie. Studierte dennoch zu Ende. Schrieb ihre Habilitation. Bekam bald schon einen Lehrstuhl für christliche Theologie. Die Buddhistische Lehre beschäftigte sie trotzdem weiter. Immer mehr. Immer tiefer drang sie in diese Welt, die sie Theorie nannte. Sympathisch, weil sie von Gedanken bewegt wird. Und nicht von Personen und bezweifelbaren Ereignissen wie das Christentum.

Eines Jahres machte es Klack. Sie entschloss sich, die christliche Theologie an den Nagel zu hängen. „*Na, des geht nit, Buddha im Kopf und Christus auf der Zunge.*“ Nahm Abschied vom Lehramt und ließ sich mit Sechzig pensionieren. Versuchte nach Buddhas Vorbild zu denken und zu leben. Mit Privatunterricht deutscher Grammatik, ihrem zweiten Studienfach, hielt sie sich über Wasser. Der Filius stand inzwischen bereits auf der vorletzten Stufe seiner Karrieretreppe. Traute zog in ein Pensionistenheim in Wien. Ein Kapitel ihres Lebens zu beschließen. Eines, nicht das letzte.

So lernten wir sie persönlich kennen. Die bis dahin nur dem Namen nach bekannte Schwester des Vaters meiner Frau. Wien, tausend Kilometer entfernt. Zu weit für einen Kaffeeklatsch.

Bis sie eines Tages bei uns auftauchte. Anlässlich einer Reise nach Braunschweig. Die Rente für Kriegerwitwen abzuholen beim Bundesamt. Für die Österreicherin gute Gelegenheit, Bruder, Verwandte und frühere Freunde mit ihrem Besuch zu überraschen. Sie überraschte gerne. Amüsierte sich über die Gesichter der Entsetzten. Machte spöttische Bemerkungen. Und selber ein grämliches Gesicht. Als könnte sie kein Wässerchen trüben. Was ihr gut stand. Grimasse im Fältchenwirrwar und Wuschelkopf ein amüsantes, grauweißkrauseliges Panoptikum. Typisch Traute. Zum Lachen.

In den Jahren darauf gab sie uns noch manches zum Lachen. Erzählte Anekdoten aus der Kindheit. Von ihrem Bruder, den sie spöttisch mit „hochwohlgeborener Ritter Wals von Walborn“ ansprach. Beide waren Nachfahren eines Edlen aus der Zeit Kaiser Franz Josef I. Sie selbst hatte auf diesen Titel ihrem Mann zuliebe verzichtet. Aus Mitgefühl mit einem Bürgerlichen, sagte sie und lächelte versonnen. „Verehrte Gnädige Frau Professor“ dagegen hörte sie gerne. Machte aber ein Gesicht, als fühlte sie sich nicht angesprochen.

Als ihr ein Winzer beim dritten Probierglaserl sagte: „Salute signora venerata“, strahlte sie wie ein Honigkuchenpferd. „*Zum Wohle Gnädige Frau hat er gsagt. Des bin I.*“ Wir haben´s erlebt und laut gelacht.

Auch über ihre Protestaktionen an der Uni plauderte sie. „*Freut euch Leute, Christ sein ist keine traurige Angelegenheit.*“ Wir lachten, wenn sie von den Streichen ihres Sohnes erzählte. Insbesondere seinem Werdegang. Das clevere Kerlchen plante seine Karriere auf ungewöhnliche Weise, indem er sie nicht plante. Spürte in der Nase, was gut für ihn war oder nicht. Was ihn weiter brachte. Ganz die Mama. Begann als selbstständiger Werbeartikelverkäufer in Wien. In einem leeren Großraumbüro auf blankem Boden drei unaufhörlich klingelnde Telefone. Was die wenigen Besucher anfangs sehr beeindruckte. Freunde waren´s am anderen Ende der Leitung. Seine Karriere endete als Bankdirektor in Hongkong. Jetzt pensioniert. Blieb in Hongkong. Handelte mit Kunst. Besuchte seine Mama, Kinder und Enkel, das Grab seiner Frau. Zweimal im Jahr maximal.

Schaute auf die Uhr, kaum im Zimmer: „Habe nicht viel Zeit, liebe Gromi.“ So nannte die Familie ihre Mutter, Großmutter und Urgroßmutter. „Hab einen wichtigen Termin in London.“ Verschwand. Stieg in seinen Hubschrauber. Die Tante traurig. So traurig, dass sie es uns eines Tages erzählen musste. Meiner Frau, ihrer Nichte und mir, ihrem angeheirateten Neffen. Bald schon waren wir ihre Liebsten.

Telefonierten. Verbrachten sieben Jahre hintereinander gemeinsame Ferienwochen in Montegrotto-Terme. Ließen uns erzählen, dass sie Ehrenbürgerin in Altaussee wurde. Das Foto in der Zeitung gefiel ihr gar nicht. „*Schlimm seh´ i aus. Wie eine Struwelpeterin.*“ Anlass ihr sechzigster Ferienaufenthalt in Altaussee und immer der selben Pension. Manchmal zweimal im Jahr. Auszeit nehmen, sagte sie. Spazierengehen in der harzigen Luft. Die Sonne beobachten bei ihrer Selbstbespiegelung im klaren Wasser des Sees. Nachdenken. Vordenken.

Sie lernte Klaus Maria Brandauer kennen, den berühmten Mimen am Burgtheater und charmantestes Mannsbild von der Welt. Als sie uns dies erzählte, ließen ihre Augen das Zwinkern. Eine kurze Sekunde strahlten sie wie zwei Fixsterne. Sprach weiter über die Themen, die sie diskutierten. Den Verfall öffentlicher Moral. Und die ratlos zusehenden Kirchen. Über den Sinn der christlichen Religion. Auf dem Hintergrund von Buddhismus, Hinduismus. Brandauer kannte einige Grundsätze von Kollegen in Hollywood, die einer dieser Religionen angehörten.

So lernten wir sie besser kennen. Ihre Denkweise. Ihre rhetorischen Fähigkeiten, komplizierte Dinge auf den kürzesten Nenner zu bringen. Privates mit typisch wienerischen Humor aufzuwärmen. Der alles untertreibt. „Wer will schon alles so wichtig nehmen?“ Erlebten aber auch ihre Lust, einzukaufen. Für Apfel und Ei die schönste Tasche der Welt. War es Bescheidenheit?

Wirklich knappe Kasse? Oder kauzige Lust am Sparen? Spätfolgen ihrer Schmalhansküchenmeisterzeiten?

Wir schenkten ihr zum Neunzigsten ein Buch mit neuen Erkenntnissen aus der Buddhaforschung. Redeten darüber. Der Buddhismus hielt immer noch ihr Hirn in Bewegung. Obwohl sie mittlerweile vom Nirvana nicht mehr träumte. *„I bin scho da. Nicht erst in einer Million Jahren.“* Knütterte sie.

Bestellte sich ein Erdbeereis. Mit viel Grappa. Und löffelte, löffelte, schlürfte. Warf ein Auge auf uns, die ihr zusahen und sich amüsierten. Zwinkerte als wollte sie ihre neue Weltanschauung mit Erdbeereis und Grappa interpretieren. Sahen wir in ihr Gesicht beim Löffeln, schien sie im Himmel zu sein. Sie muss in ihrem Leben Liebe vermisst haben. Süße Liebe, die Gott oder Buddha nicht geben können. Mag man noch so intensiv an sie denken. Selbst ihre eigenen Kinder schienen sie nicht lieben zu können. So wie sie es brauchte.

Ich schrieb ihr in die Klinik. Mit extra großen Buchstaben. Erzählte ihr von uns, meinen fotografischen Arbeiten. Den Ausstellungen, die ich beschickte. Legte Bilder dazu. Nach dem Tod meiner Frau besuchte ich sie in der Wiener Klinik. Ihr Gesicht noch faltiger. Ein einziges Gewirr. Ihre Augen musste ich suchen. Schienen mich nicht zu erkennen. Erst als sie meine Stimme hörte: *„Ach du bist´s. lieb von dir.“* Ich blieb bis sie müde war vom anstrengenden Rückwärtsdenken. Und einschlief.

Meinen letzten Brief beantwortete sie erst nach zwei Wochen. Schon tot? Fragte ich mich besorgt. Endlich eine Doppelkarte. Mit einer wunderschönen Rose auf der Vorderseite. Meine Frau hieß Rose. Mit kleinstkrakeliger, kaum lesbarer Schrift bis an die Ränder beschrieben die Innenseite. „Mein sehr hoch geschätzter treuer Freund Otto" schrieb sie mir. Beklagte sich über ihre verlorene Vitalität, die Kinder. Bedankte sich für meinen Besuch. Meine so liebenswerten Briefe. Schloss „Deine Dir sehr dankbare uralte Tante Traute.

Bald darauf fielen ihre Augen zu. Um nie mehr zu zwinkern. Auf dem Foto entdecke ich neben ihrem linken Auge ein Fältchen. Das sich krümmt, als wollte es einen Sprung machen. Um eine Etage höher in den Ganglien hochzufrieden zu konstatieren: *„Ihr kennts mi net.*" Wirklich nicht? Weiß nicht.

Konrad Adenauer

Sieht man sein markantes Gesicht, möchte man meinen, es kann gar nicht anders aussehen. Unveränderlich. Wie der Drachenfels am Rhein. Der meistbesuchte Berg des Gebirges, mit noch sechs weniger wichtigen im Hintergrund. Nicht weit bis Rhöndorf, wo der ‚Alte' seinen Wohnsitz hatte. Ein Berg in der Landschaft. Verlässlich immer an derselben Stelle. Von Mutter Natur dazu geschaffen, zu bleiben der er ist. Zu seinen Füßen der meerwärts strömende Rhein, der in jeder Sekunde ein anderer ist.

Adenauer war charakterlich wie ein Berg. Verwurzelt in seiner Heimat. Verlässlich. Mit klaren Standpunkten. Die er konsequent vertrat. Oder souverän ignorierte. Wenn er neue Erkenntnisse gewann oder andere Bedingungen seine Meinung änderten: „*Was kehrt mich mein dummes Geschwätz von gestern.*"

Er war nur aus der Ruhe zu bringen wenn ihm etwas oder einer zu dumm kam. Bei Repliken im Bundestag und in Wahlkämpfen konnte er ausfällig werden. Beim Wahlkampf attackierte er den Bürgermeister von Berlin und Spitzenkandidaten der SPD. Redete von ihm als Willy Brand alias Frahm. Dessen uneheliche Geburt mag dem Katholiken missfallen haben. „So etwas sagt man nicht", kritisierte seine Begleiterin Hannelore Siegel spontan: „Nein, das durften Sie nicht sagen." *„Ach watt, de Leute verjessen dat janz schnell"*, Adenauers spontane Antwort. Er konnte ne fiese Möpp sein, sagten die, die mit ihm zu tun hatten.

Dauernden Kontakt mit dem fiesen Möpp hatte Hannelore Siegel, seine Sekretärin. Vierzehn Jahre hielt sie es als sogenannte Vorzimmerdame mit ihm aus. Beobachtete aufmerksam ihren Chef. Und alles, was um ihn herum geschah. Begleitete ihn oft auf seinen Reisen. Auch in die Ferien. In Cadenabbia am Comersee spielten sie Boccia. Der alte Herr verlor nicht gern. Schlechte Laune die Folge. Also ließen sie ihn so oft wie möglich gewinnen. Abends las sie ihm vor. Am liebsten hörte er Kriminalromane von Agatha Christie. Schlief nicht selten im bequemen Ohrensessel ein. Und schnarchte. Immerhin war er lange schon in einem Alter, das andere mit Nichtstun vergeudeten. Oder Liebhaberspielchen.

Adenauer war seit 1948 zum zweiten Mal Witwer. Siegel musste Geschenke für die Töchter kaufen. Zu Namenstagen und Weihnachten. Während eines Staatsbesuches in Paris gab er ihr 50 Mark für jede Tochter und nochmal 50 für sie: *„Kaufen Se ein jutes Parfüm."* 50 Mark waren damals viel Geld. Er selber ein sparamer Mensch, richtig knauserig. „Wenn ich zur Toilette musste, sagte er: *„Lassen Sie de Bürotür offen, dann brauchen Se dat Licht im Flur nicht anzuknipsen."*

2012 gab Hannelore Siegel ‚Bild' ein Interview. Die Dreiundachtzigjährige schmunzelte: „Als ich mich 1958 bewarb, hatte ich richtigen Bammel. Einem Bundeskanzler steht man nicht alle Tage gegenüber. Adenauer erhob sich von seinem Sessel, kam auf mich zu und gab mir die Hand: „Wo kommen Sie denn her?“ „Aus Köln, Herr Bundeskanzler.“ Er lächelte wie ich ihn später nur noch selten lächeln sah. *„Isch bin e kölsch Jung un Se sind e kölsch Meedchen.* Schon war ich engagiert beim wichtigsten Mann der jungen Republik.“

„Als Chef war der alte Herr nicht kompliziert. Arbeitete gern mit uns Mädchen zusammen.“ Erzählte Hannelore. „Wir verhielten uns aber auch so, dass er keinen Grund fand, sich über uns zu ärgern. Jeden Morgen rief uns seine Haushälterin an, teilte uns mit, wie seine Laune war. Ich nannte es Wetterbericht. Wir nahmen Rücksicht darauf, arbeiteten locker, lachten, wenn er gut gelaunt war. Vermieden Lärm und erfüllten aufmerksam auch unausgesprochene Wünsche, war seine Laune im Keller. Wir kannten ihn mit der Zeit. War er schlecht gelaunt, verhielt er sich einsilbig. Blätterte schweigend in seinen Akten. Es schien, als wäre er nicht anwesend.“

Adenauer diktierte Briefe und Reden selten. Gab der Sekretärin Stichworte auf Zetteln: *„Se können schreiben wat Se wollen Frollein Siegel. Aber“*, machte eine Pause, *„bevor Se de Sinn ändern, frachen Se mech.*“ Seine Handschrift war korrekt ohne Schnörkel. Frollein Siegel konnte sie gut lesen und zügig lostippen.“

Es ging nie hektisch zu im Kanzlerbüro. Im Gegensatz zu den Büros der Minister. Ob es an der feierlichen Architektur des Palais Schaumburg lag? Ehemaliges Schloss der Fürsten von Schaumburg-Lippe. Umgeben von großzügigen Parkanlagen. In denen die Amseln sangen, Eichhörnchen als einzige sich hastig bewegten. Anders im neuen Bundeshaus für die Abgeordneten, dem ‚langen Eugen'. So genannt nach dem damaligen Parlamentspräsidenten Eugen Gerstenmeier. Ein gläsernes Hochhaus, in dem Türen und Füße nicht still standen.

Von Hannelore Siegel gibt es keinen weiteren Kommentar dazu. Sie empfand das Büro als wohltuende Oase. Dankbar, in Ruhe arbeiten zu können. Konzentriert ihr umfangreiches Arbeitspensum erfüllen. *„Auch wenn die anderen verrückt spielen, bei uns bleibt et ruisch.*" Adenauers Motto. Auch er angesteckt vom Milieu.

Im neuen Kanzlerdomizil Berlin geht die Welt ein und aus. Kontaktsüchtige Politiker aller Länder und Farben. Neugierige Presseleute und wissensdurstige Studierende. Der Kohl´sche Tempel ist ein offenes Haus. Merkel empfängt, redet und schweigt. Meist manipuliert sie sich geschickt aus unbequemen Situationen. Klare Standpunkte und Machtworte haben Seltenheitswert. Im Gegensatz zum ersten Kanzler der Bundesrepublik. Der sprach, ich will, also will ich. Adenauer möchte ich mir dort vorstellen. Haus und Öffentlichkeit hätten interessanteren Gesprächsstoff. Doch besser nicht. Die Zeiten stehen auf friedliche Koexistenz.

1957 im Wahlkampf konnte Adenauers CDU noch „Keine Experimente“ hinaus posaunen, im Parlament die absolute Mehrheit erringen. Diese Zeiten sind vorbei. Vorbei wie der Frühling in diesem Jahr.

Ebensowenig könnten heute braune oder angebräunte Männer in Regierungsstellen sitzen. Wie damals ein gewisser Globke. Wurde trotz Nazivergangenheit Chef des Kanzleramtes. Andere in gehobenen Positionen dito. „*Wir brauchen diese Leute, weil sie Erfahrung haben. Andere sind noch nicht so weit. Deutschland kann nicht auf die Fachleute von gestern verzichten. Die sich auskennen in Verwaltung, Aufbau der Infrastruktur, auch der geplanten Bundeswehr. Als Bündnispartner des Westens brauchen wir sie.*“

Zum Schluss des Interviews mit Hannelore Spiegel sagte sie: „Konrad Adenauer war ein Glücksfall für Deutschland.“

Erinnere den Aufbau demokratischer Ordnung nach der Diktatur. Deutschlands Souveränität. Versöhnung mit Frankreich. Das Treffen mit De Gaulle ein Markstein. Wie später der Kniefall Willy Brands in Warschau. Die Rückkehr Kriegsgefangener aus sibirischen Lagern. Westintegration. Europäische Wirtschaftsgemeinschaft EWG. Wiedergutmachungsvertrag mit Israel. An der Seite Präsident Kennedys in Berlin. Deutschlands Einheit unterstreichen. John F. riss die Massen mit: „Ich bin ein Berliner.“ Konrad lächelte verstohlen in sich hinein. Kannte er doch die Psyche der Massen. Blieb aber bei allen politischen Engagements ne kölsche Jung. J.F. Kennedy ein Brookliner. Beide reinsten Wassers. So, genug des Lobes.

Hannelore Siegel schob dem ‚Glücksfall' am Ende des Interviews noch einen Satz hinterher: „Trotzdem sollte man keinen Heiligen aus ihm machen.“ D´accord. Einverstanden.

Konrad Adenauer war von Anfang an ein politischer Mensch. Interessiert an allem, was seinem Köln, den Rheinlanden, zum Schluss ganz Deutschland nützte. Nicht zuletzt auch der Partei, der er angehörte. Es war immer eine mit christlichen Grundsätzen. Adenauer war ein katholischer Politiker. Kindlichen Glaubens und gewieften Charakters. Laut Duden: Sehr erfahren, gewitzt und schlau, Vorteil erkennen, nicht übers Ohr hauen lassen.

Ein Karikaturist hat es mit seiner Zeichnung erfasst. Zugegeben, die vordergründige Seite seines Charakters. Terence Prittie, bedeutender amerikanischer Journalist und Autor nannte Adenauer einen Indianerhäuptling oder chinesischen Mandarin. Ohne die Karikatur zu kennen. Ausgesehen hat er ja wie einer. Je nachdem von welcher Seite man ihn sah. Wenn er erregt eine heftige Attacke Schumachers er-trug. Verbissen in seine Wahrheit knallhart oder zynisch darauf antwortete. Objektiv betrachtet ist dieses sein Gesicht, von dem wir glaubten, es sei seines, die Folge eines Autounfalls 1916.

Er ließ sich immer schon begeistert mit dem Auto chauffieren, fuhr nie selbst. Technikfreak seit Studentenzeiten. Jura mit Links. Erfand bereits 1904 die Luftfederung, quasi nebenbei. Liebte schnelle Limousinen.

Als Kanzler abonnierte er die Autos der Marke Mercedes Benz. Immer wenn ein neuer 300er herauskam. Langversion. Genug Spielraum, sein langes Fahrgestell zwischen Sitz und Rückenlehne mal so, mal so zu platzieren. Saß immer hinten. Wollte nicht Beifahrer sein. Sondern Hauptperson. Hauptpersonen werden gefahren. So auch während des ersten Weltkriegs 1916, als der Unfall passierte.

Heftige Kollision. Er schoss durch die Trennscheibe zum Fahrer nach vorne. Das Gesicht platt gedrückt. Nase und Jochbein gebrochen. Unterkiefer zerschmettert. Zähne ausgeschlagen. Oberlippe durchgerissen. Bei vollem Bewusstsein operiert. Danach Ohnmächtig. Ab da hatte der Mensch Adenauer ein neues Gesicht. Karikaturisten aller Welt sahen sich animiert, die Grenzen höflicher Rücksichtnahme zu überschreiten.

Adenauer schwor nach seiner Genesung: Nur noch sichere Automobile. Kaum Bundeskanzler rasch entschieden: Mercedes Benz 300 und kein anderes. MB 300 Langversion hieß bald Adenauer-Mercedes. Mit Stander und mehr PS als üblich. *„Könne Se nich watt* *schneller fahren?"* maunzte er seinen Chauffeur an. Adenauer wollte immer der Schnellste sein. Abstand gewinnen und halten. Minister durften zwar auch Mercedes fahren. Aber keinen der 300 Klasse. 220 das höchste, was er erlaubte. Sein Nummernschild 0 2. Den Bundespräsidenten mit der Nummer 0 1 konnte er nicht überholen.

Soviel und noch nicht alles. Als Politiker startete er bereits 1905. Wurde Beigeordneter in Köln. Vier Jahre später 1. Beigeordneter, zuständig für Finanzen, Personal und Ernährung. In dieser Eigenschaft entwickelte er Jahre später das ‚Kölner Brot'. Seine Bürger sollten nicht hungern. Es herrschte Krieg. Alles war rationiert. Maismehl nicht. Er tüftelte, gab Roggenschrot dazu. Heraus kam ein Brot, das man in ähnlicher Beschaffenheit heute noch kaufen kann. Balkhausen heißt der Bäcker in Köln. Apostelnstraße 27.

Kein Wunder, dass die Kölner ihren Konrad 1917 zum Oberbürgermeister wählten. Viele Positionen in gesellschaftlich relevanten Organisationen folgten. Präsident von diesem und jenem. Natürlich auch des Deutschen Katholikentages 1922 in München. Denkt nach, das Rheinland, sein Rheinland vom Reich zu trennen. Plädiert für Gespräche mit Frankreich. Verhandelt 1926 über seine Kandidatur als Reichskanzler. 1933, kurz vor der Machtergreifung, weigerte er sich, Hitler in Köln zu empfangen. Lässt alle Hakenkreuzfahnen von der Deutzer Brücke, Zufahrtsstraße in die Stadt, entfernen. Die Folgen kann man sich denken. Adenauer verlässt

Köln, versteckt sich im Kloster Maria Laach, den Schutz der Kirche suchend. Dann in seinem Haus in Rhöndorf.

Flugs erklärte der neu ernannte Gauleiter den OB Adenauer für abgesetzt. Triumphierte. Adenauer wird gefunden, verhaftet. Ein sehr unruhiges, gefährliches Leben begann. Man wollte ihn in die Verschwörung gegen Hitler einbinden. Er lehnte ab, bald werde er anders gebraucht. Dachte er sicher. Wird wieder verhaftet. Flieht. Erneut hinter Gittern. Er kann es nicht lassen, das System Hitlers zu kritisieren. Die Untaten seiner Schergen aufs Schärfste zu verurteilen. Gefährdete zu verstecken.

Die Amerikaner waren darüber informiert. Ihre geheimen Schnüffler meldeten alles nach oben. Auch Personen, die sie vertrauenswürdig fanden nach 1945. Adenauer einer von wenigen. Nach dem letzten Schuss setzten sie ihn sofort wieder als Oberbürgermeister ein. Englische Militärs entließen ihn wegen Unfähigkeit. Amerikaner holten ihn zurück. Er gründete die CDP, Christlichdemokratische Partei. Ein Jahr später wird er Vorsitzender der neu gegründeten CDU. Blieb es bis 1966.

Mit einer Stimme Mehrheit wurde er am 15. September 1949 zum ersten Deutschen Bundeskanzler gewählt. Zwei Jahre später hatten sich die Beziehungen zu anderen Staaten verbessert. Adenauer übernahm das Amt des Außenministers. Innen- und Außenpolitik in seiner Hand. Wirkte aktiv mit, die erste supranationale Behörde zu etablieren: Die Montanunion. Gemeinsamer Markt für Kohle, Koks und Stahl. Mit festen, hohen Preisen. Frankreichs Ränkespiele zu eigenen Gunsten ausgeschaltet. Amerika auf Deutschlands Seite. Sie wollten Aufschwung und wachsenden Wohlstand, um ihre Besatzungskosten zu reduzieren. Das Besatzungsstatut verschwand auf Nimmerwiedersehen.

Adenauer hatte genug zu tun, sein Land in Ordnung zu bringen. Trotzdem reiste er in die USA, Bündnisgespräche zu knüpfen, erste Wirtschaftskontakte. Die Besatzer zogen ab. Auf Stalins Note reagierte er nicht. „Reines Ablenkungsmanöver" sagte er. Väterchen Stalin wollte einen Friedensvertrag für Deutschland als Ganzes. Sollte eine Insel des Friedens sein und keinerlei Militär unterhalten. Damit die Westbindung unterlaufen. Adenauer aber wollte eine feste Anbindung an den demokratischen Westen. Mit allen Konsequenzen.

1955 war Deutschland endlich ein souveräner Staat. Zehn Jahre nach der größten Katastrophe des Jahrhunderts. Adenauer besuchte Paris. London, Washington, Moskau. Gleichberechtigter Gesprächspartner. Sachlich, zielorientiert, überzeugungsstark. Deutsche Kriegsgefangene kamen nach zehnjähriger Tortur aus dem Gulag zurück in die Heimat. Tausende waren in Bleibergwerken und Erzgruben verreckt. Ihre Witwen und Kinder daheim hofften weiter.

Keine diplomatischen Beziehungen zur DDR forderte die sogenannte Hallsteindoktrin. Die Westdeutsche Republik sei die einzige, die legitime Vertretung des Deutschen Volkes. Erst 1969 hob Willy Brandt dieses bürokratische Monstrum auf. Ganz im Sinne einer geänderten Außenpolitik. Seine Ostverträge öffneten die Tür zu Verhandlungen mit den Ostblockstaaten. Erster Schritt in Richtung Wiedervereinigung.

Adenauer war ein Kämpfer. Sah den Gegner und attackierte ihn. Sein schlimmster Feind die Sowjets. Kommunisten traute er nicht über den Weg. Wachsam sein ist überlebenswichtig. Das 1956 von ihm geforderte Wehrpflichtgesetz fand nur geteilte Zustimmung. Friedensapostel gingen auf die Straße. Predigten und predigen immer noch Protest, Protest. Als seien alle Menschen Engel. So gutwillig wie sie selber. 2011 wurde das Gesetz ausgesetzt. Kein Feind in Sicht. Greift einer unser Land an, könnte ein neuer Adenauer es wieder einführen.

Franz Josef Strauß ein bayrischer Böller. Im Kabinett Adenauer Minister für Verteidigung, atomare Fragen, Finanzen. Auf allen Feldern ein Kämpfer. Wie sein Chef. Ein Adenauer mit bayrischem Akzent und bayrischer Unverfrorenheit. Höhe- und Schlusspunkt seiner Karriere die Spiegelaffäre. Das Hamburger Blatt veröffentlichte einen Bericht über das NATO-Manöver Fallex 62. Die Bundeswehr sei nur bedingt abwehrbereit bei Angriffen von Staaten des Warschauer Paktes.

Verteidigungsminister Strauß hielt die Veröffentlichung für Landesverrat. Informierte die Staatsanwaltschaft. Die ließ den Verlag schließen, alle wichtigen Redakteure verhaften. Conrad Ahlers, einer von ihnen, schnappte man im spanischen Urlaubsort Torremolinos. Chefredakteur und Herausgeber Rudolf Augstein stellte sich zur Untersuchungshaft. ‚Zeit', ‚Stern' und ‚Morgenpost' ließen die nicht verdächtigten Redakteure des ‚Spiegel' in ihren Büros arbeiten. Das Blatt konnte weiter erscheinen.

Aufschrei in fast allen Blättern. Resolutionen, Eingaben, Demonstrationen: Pressefreiheit bedroht! Die Opposition im Bundestag empört. Adenauer stellte sich hinter Strauß: *„Wir haben einen Abgrund von Landesverrat im Lande."* Der Abgeordnete Seuffert: „Wer sagt das?" *„Ich sache das."* Die scheinbare Komplizenschaft zwischen Regierung und Justiz wurde noch lange diskutiert. Gedruckt, veröffentlicht, zugespitzt, erneut diskutiert. Die Regierungskrise musste kommen.

Fünf FDP-Minister traten zurück. Weil ihr Justizminister Stammberger nicht informiert war. Justizsenator Helmut Schmidt in Hamburg empört. Strauß musste quittieren, zurücktreten. Zwei Jahre später Adenauer. Freiwillig unfreiwillig. Bisherige Opfer seiner Eloquenz leugneten ihn. Jüngere an der Front. Spürte eine neue Zeit. Wurde grantig. Wie alte Männer, deren Zeit abgelaufen ist. Die letzten anderthalb Perioden als Kanzler machte er sich unbeliebt. Auch bei Parteifreunden, die Erhard als Nachfolger bereits favorisierten. Seine trickreichen Versuche, Ehrhardt als Nachfolger zu verhindern schlugen fehl. Der Vater des Wirtschaftswunders in Deutschland wurde zweiter Kanzler der Republik.

Noch nicht lange her, da feierte man Adenauer als den Vater des Wirtschaftswunders. Resultat seiner stringenten Politik. Seiner zielorientierten Führung. Jetzt knarzte es im Gebälk. Diskussionen über Auschwitz, Öffnung zum Osten, die Mauer in Berlin waren ihm lästig. Man witzelte: „Walter baut die Mauer, Konrad sitzt in Bonn und rührt sich nicht." Adenauer trat zurück. Den Machtverlust hat er nicht überwunden. Aufsässig wurde er wie ein unzufriedener alter Mann. Deutete die Zukunft Deutschlands nur noch pessimistisch. Diffamierte Maßnahmen seines Nachfolgers. Schrieb seine Memoiren.

Starb 1967 nach einem Herzinfarkt. Pontifikalseelenamt im Kölner Dom. Zelebrant Kardinal Josef I. Frings. Der allen Kohlenklauern der Nachkriegszeit die Absolution erteilte. „Fringsen erlaubt" sagte man. Staatsbegräbnis auf dem Waldfriedhof seines Wohnsitzes Rhöndorf am Rhein. Mit unverstelltem Blick über das jenseitige Ufer nach Frankreich, dem Geburtsland Karls des Großen.

„Welch´ ein Kerl". Goethes Ausruf nach dem Gespräch mit Napoleon auch hier angebracht? Ein Gesicht wie ein Luchs. Die Karikatur zeigt es deutlicher als Fotos. Hellwach, Gelegenheiten zu erspähen, zu nut-

zen. Vergessen wir den Indianer, den chinesischen Mandarin. Ein Auge scheint Betonwände zu durchbohren. Dahinter entdecken, was andere nicht sehen. Das andere fast schon geschlossen, lauernd auf den richtigen Augenblick. Gefahr von links? Die Lippen fest zusammengepresst, kein falsches Wort raus zu lassen. Auf seinen Gesichtszügen lastet fast ein ganzes Jahrhundert.

Das Foto, nach seinem Rücktritt gemacht, zeigt einen nachdenklichen Adenauer. Der gewiefte Charakter nur noch ein müder alter Mann.

Wissen wir alles? Sicher viel über den Mann. Ich wette, hinter seiner Fassade versteckt sich immer noch etwas, das er nicht raus lassen will. Ein Rätsel. Adenauer war viel zu schlau, alles zu zeigen. Nachdenken erlaubt.

Max Ernst

Wer den surrealistischen Maler und Bildhauer kennt, vermutet hinter seinem Gesicht kein Rätsel. Alles scheint sichtbar zu sein. In einem Universum von Gemälden und Skulpturen, die man geneigt ist für Rätsel seiner Innenwelt zu halten. Kein Anlass darüber zu spekulieren? Lesen Sie und urteilen Sie selber.

Im amerikanischen Kunstmagazin ‚View' schreibt er: „Ich bin einem Vogelei entschlüpft. Meine Mutter legte es in ein Adlernest". Zu Vögeln hatte er lebenslang eine magische Beziehung. Haben ihn nie mehr losgelassen, in seinem Kopf, seinen Bildern. Wesen einer Welt, die er als Künstler zu ergründen und darzustellen suchte. Zwischen seinem Lieblingsvogel, einem rosa Kakadu namens Hornbom und der Geburt seiner jüngsten Schwester Apollonia sah er einen Zusammenhang. Entwickelte ‚alter ego', sein anderes Ich, als Hornbom und Loplop. Später nannte er sich Schnabelmax.

Max Ernst war Autodidakt. Sein Vater, ein Laienmaler, portraitierte den Neunjährigen als Jesuskind. Jahrzehnte danach, schon berühmt als Surrealist malte er die ‚Jungfrau züchtigt das Jesuskind.' Im Beisein von Zeugen, den Freunden André Breton, Paul Éluard und ihm selbst. Das Bild eine Mixtur Die Perspektive surreal verschoben. Maria realistisch.

Eine attraktive Frau. Heiligenschein schwebt als Ring über ihrem Kopf. Der ganze Körper mit ausgestrecktem rechtem Arm hoch gespannt. Die Hand bereit auf den Popo des Kleinen zu schlagen, der nackt auf ihren Oberschenkeln liegt. Man spürt die Wucht der jeden Moment niedersausenden Hand. Jesuleins Heiligenscheinchen ist vor Schreck auf den Boden gefallen. Das farbenfrohe Gemälde hängt im Ludwig-Museum in Köln. Wenige Kilometer entfernt von Brühl, der Stadt seiner Geburt.

Zum 75sten wollte Brühl ihm die Ehrenbürgerschaft verleihen. Ernst lehnte ab. Die Verwaltung hatte ein Bild von ihm, das er der Stadt geschenkt hatte, für 400 Dollar verscherbelt. Nach seinem Tod 1976 in Paris holte sie es nach. Die Max-Ernst-Allee erinnert an einen Künstler, den kaum ein Laie kennt.

Max studierte Philosophie, Psychologie und Geschichte in Bonn. Las Novalis, Hegel und Nietzsche. Lernte durch Freudstudium Kunst geistig Behinderter kennen. Besuchte die Museen Kölns. Die flämischen Meister Hieronymus Bosch, Pieter Breughel und Vincent van Gogh beeindruckten ihn mit ihrer drastischen Realität. Capar David Friedrich mit Mensch in magischer Mondlandschaft. Die modernen, Pablo Picasso, Paul Cézanne und Edvard Munch regten ihn an. Als er August Macke persönlich kennenlernte, seine Aquarelle sah, beschloss der Autodidakt Max Ernst Maler zu werden.

Malte was aus ihm heraus wollte. Die Empfehlung Caspar David Friedrichs im Kopf. „Schließe zuerst dein leibliches Auge. Damit du mit dem geistigen Auge sehest dein Bild. Dann fördere zutage was du im Dunklen gesehen. Dass es zurück wirke auf andere, von aussen nach innen." Er selbst formulierte es knapper: „Die Rolle des Malers besteht darin einzukreisen und zu projizieren was er in sich selber sieht." Es müssen groteske Wesen gewesen sein. Ich mag Paul Klees Erkenntnis: „Kunst zeigt nicht das Sichtbare. Kunst macht sichtbar."

Erste Ausstellungen, dann vier lange Jahre Erster Weltkrieg. Ernst wohl oder übel Soldat. Danach schrieb er wie befreit: „Ich starb am 1. August 1914. Im Leben zurück am 11. November 1918." Der junge Mann wollte Magier werden. Die Mythen seiner Zeit finden und bildlich darstellen. Als das, was hinter den Realitäten sich verbirgt. Vogelmensch mit aufgerissenem Schnabel und ausgestreckten Krallen symbolisiert den Krieg.

Gründete die Kunstzeitschrift ‚minimax-dada-max'. Rief die Kölner Dada-Gruppe ins Leben. Künstler, die gegen die traditionelle Kunst und Normen protestierten. Oft als Satire dargestellt. Galeristin Johanna Ey in Düsseldorf, genannt Mutter Ey, förderte die junge Kunst. Stellte auch Ernst im Rahmen des jungen Rheinlands aus. Die ‚Galerie Ey' neben der Kunstakademie in Düsseldorf gab es noch als ich dort studierte. Auf der Mutter-Ei-Straße in der Altstadt. Max Ernst fuhr nach Paris. Ins damalige Zentrum von Kunst und Literatur.

„Dilettanten erhebt euch!“ Die Schamade von André Breton, Paul Éluard und Louis Aragon lief auf Hochtouren. Ernst zieht zu den Éluards. Hielt sich anfangs mit Gelegenheitsarbeiten über Wasser. Pinselte aber einen Zyklus von 15 Bildern auf die Türen des Hauses. Bilder von grotesken Fabelwesen und paradiesischen Gärten. Nachbewohner überklebten sie. 1969 wieder entdeckt, von Ernst restauriert und auf Leinwand übertragen. Eines der Bilder ist in der Kunsthalle Düsseldorf zu bewundern.

Max verliebt sich in Gala, Paul Éluards Frau. Der, keine Lust an der Ménage à trois, floh nach Saigon. Damals französische Kolonie Cochinchina. Die Beiden reisten ihm nach. Das Geld für die Tickets gibt ihm Mutter Ey gegen einige Bilder. Paul zurück nach Paris. Max drei Monate später. Gala wird Geliebte und Ehefrau Salvador Dalis. Sie hatte es offensichtlich mit Surrealisten. Kein Wunder, Max als Person und in seinen Türbildern täglich vor Augen. Seinen „Der Hut macht den Mann“ im ‚Salon des Indépendants’ belächelt.

Surrealismus ist laut André Breton reiner psychischer Automatismus. Will heißen: ergibt sich spontan aus einer momentanen seelischen Verfassung. Die kämpferisch verfochtene Theorie der neu gegründeten Gruppe. Surrealisten müssen ein Innenleben haben, das uns Realisten fremd ist. Ernst wird wichtiger Mitarbeiter. Mit Juan Miro gestaltet er Kostüme und Bühnenbild des Balletts ‚Romeo and Juliet' von Sergei Pawlowitsch Djagilew. Extatische Szenerie mit Kostümen, die keine Kostüme sind. Sondern bizarre Verkleidungen aus Karton, Wellpappe und Weißblech.

Ernst und Frau wohnen am Montparnasse neben Alberto Giacometti. Auf ihrer Terrasse lagern dessen ausgehungerte Skulpturen. Ständiger Anreiz für Max anders zu denken, anders zu malen, neue Techniken auszuprobieren. Das Dahinter zu entdecken. Erfand die Frottage. Rauen Stein, Holz, Riffelblech mit Farbe bepudern, Papier darauf abreiben, sodass Strukturen auf dem Blatt bleiben, Untergründe für Objekte, Kollagen zum Beispiel.

Kurz drauf die Grattage. Mit dem Spachtel die frische Farbe auf der Leinwand abziehen, sodass sich Farbänderungen und Verschiebungen ergeben. Nach wie vor aktuell. Eine Erfindung von Max Ernst vor über achtzig Jahren. Später im Exil New York erfand er das drippainting. Man nehme eine leere Konservendose, bohre ein Loch in den Boden. Gieße Farbe hinein. Schwenke die volle Dose am Bindfaden über die Leinwand. Es sprenkelt, solange der Maler Lust am Spiel hat. Eine andere Farbe nimmt. So oft, bis das Bild seinen Vorstellungen entspricht. Man nennt es surealistischen Expressionismus. Jackson Pollock hat es mit seinen Riesenformaten geschafft, Weltmeister in dripping zu werden. Man nannte ihn ‚Jack the Dripper.' In Anlehnung an den Film: Jack the Ripper.

1941 musste Max Ernst fliehen. Seine Kunst wurde als entartet diffamiert. Bilder in Deutschland und Frankreich beschlagnahmt. Die Galeristin Peggy Guggenheim, Erbin eines großen Vermögens und Kunstsammlerin, floh mit ihm über Spanien und Portugal nach New York. Die Exilanten-Gruppe nahm Ernst als Mitglied auf. Alles, was in Europa schon Erfolg hatte war vor den Faschisten in die USA geflüchtet. Henry Matisse. Marc Chagall. Fernand Léger. Robert Matta. Piet Mondrian. Kurt Seligmann. Yves Tanguy. Der Schriftsteller André Breton. Von allen Bilder in Peggy Guggenheims Museen. New York, Paris, London, Venedig.

Peggy wieder in New York, zeigte eine viel beachtete Sonderschau mit Bildern, Kollagen, Stichen, plastischen Werken ihrer Freunde aus Europa: ‚Art of This Century' zog die Sammler an. Die New York Times jubelt. Der Surrealismus gewinnt an Boden in den USA. Die von den Künstlern herausgebrachte Kunstzeitschrift *VVV* und Ernsts Autobiografie ‚Mein Vagabundieren' taten ihres dazu. Vermögende Sammler schickten ihre Experten. Die kauften, kauften, kauften. Auch über die Schweiz von den Nazis beschlagnahmte Werke. In den Achtzigern konnten wir originale Meisterwerke in den Museen Frankfurt und München quasi wiederentdekken. Kannten sie nur aus Reproduktionen. Die Erben von Barns-Collection und Phillips-Collection hatten zum ersten Mal ihre Kunstbunker geöffnet.

Ernst gewinnt die Ausschreibung mit seinem Gemälde: die Versuchung des Heiligen Antonius. Dachte er an Hieronymus Bosch? Die zähnefletschenden Ungeheuer, wollüstige Frauenzimmer, verzerrte Gesichter. Laufende Fische, geflügelte Schweine mit Vogelgesichtern. Lauter fleischgewordende Symbole des Bösen in damaliger Sicht. Max Ernst hatte ähnliche Vorstellungen im Kopf. Sein Heiliger windet sich verzweifelt am Boden. Bedroht von höllischem Getier ringsum. Zeitgenössische Variante des großen Niederländers.

Erste plastische Arbeiten in Arizona. Capricorn, eine riesige Zementskulptur. Kantiger Korpus mit Stierkopf, ein Gott? Und lauter Köpfe mit Löchern als Augen. In der Rechten ein kleiner auf der Spitze eines Herrschaftsstabes. Statt Armlehne das grinsende Gesicht eines Torso. Daneben freistehend ein nackter Frauenkörper mit einem meterlang gezogenen Hals. Kopf eine Scheibe mit Hörnern. Gipsabdrücke mit nach Europa genommen und etliche Male in Bronze gießen lassen.

Der ‚Habakuk' vor der Düsseldorfer Kunsthalle NRW ein als Vogel dargestellter Prophet des Alten Testaments. Kollage aus Fundstücken. Blumentöpfen verschiedener Größen. Schalen, Kieselsteinen. In Bronze gegossener dreimeterfünfzig großer Riesenvogel. Ob seine sieben Frauen auch vogelähnlich waren? Vögel in freier Wildbahn?

Wieder in Paris. Mit Dorothea Tanning auf zwei Mansardenzimmern. Mit der Frau, die ihn um fast drei Jahrzehnte überlebte. Sie starb 2012 im Alter von 101 Jahren. Damals aber war er Nachbar von Constantin Brâncusi. Neue künstlerische Perspektiven taten sich auf. Gewann 1954 den Großen Preis für Malerei von Venedig. Neben Joan Miro für Grafik und Hans Arp für Plastik.

Ernst gewann Preise, Ehrungen weltweit. Ehrendoktor, Ehrenprofessor, Offizier der Ehrenlegion. Den Goslaer Kaiserring, einen der bedeutendsten Kunstpreise weltweit. Hamburgs Lichtwarkpreis.

1953 Serie mit farbigen Radierungen und einem Gedicht: „Schnabelpaar – und wenn sie dann wieder regnen lassen über Europa, über Kafasien, Kafamerika, da packt der Schnabelmax die Schnabelgötter beim Schnabelschwanz und weist ihnen den Weg."

Es musste etwas mit seinen Frauen zu tun gehabt haben. Paradiesvögeln mit menschlichen Allüren. Luise Strauss, erste Ehefrau war Kunsthistorikerin. Verwandt in Geist und Libido. Die Liaison mit Gala, Paul Éluards Frau endete rasch. Sie liebte Salvador Dali. Zweite Ehefrau Berthe-Marie-Aurenche bezirzte ihn mit ihrer Jugend. Welcher Mann kann das nicht nachvollziehen? Dritte war Merret Oppenheim. Surrealistisch durch und durch wie er. Kunstfreunde und Postkartenkäufer kennen ihr ‚Frühstück im Pelz'. Teller, Untertasse, Tasse und Messer mit Pelz beklebt. Man

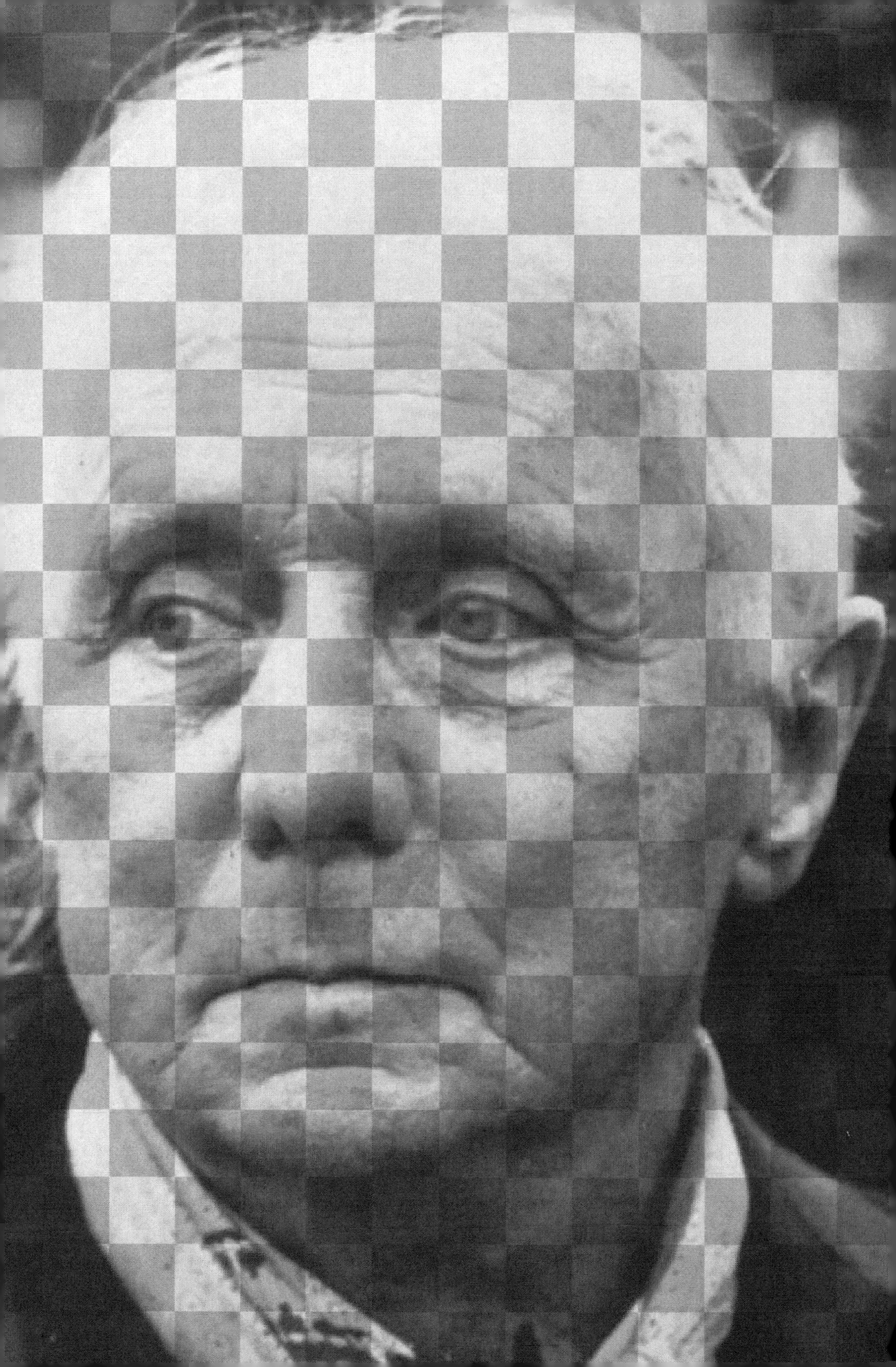

spürt die Haare förmlich auf der Zunge. Max verliebte sich in die Malerin Leonora Carrington. Engländerin mit mexikanischem Pass. Kontraste reizten ihn eine kurze Zeit. Heiratete dann seine Retterin Peggy Guggenheim in New York 1941. Ein Jahr später schon verfällt er der amerikanischen Malerin Dorothea Tanning. Sie hat alles was er braucht, heiratet sie. Die letzte einer glitzernden Kette.

Schon ein seltener Vogel, der Maxe. Mit seinen sieben Frauen, aberhunderten Zeichnungen, Bildern und Plastiken. Seinen Augen im Potrait sieht man an, es rumort. Brütet bereits tausend neue Vögel aus. Rätsel, die sichtbar werden wollen. Auch gelöst?

Großstädte

Auch Großstädte haben ein Gesicht. Dargestellt in fabigen Prospekten, Kalendern, Postkarten. Auf vielen Seiten im Internet mit schön frisierten Fotos und Kommentaren. Auf den Speichern abertausender Digitalkameras. Es ist ihre attraktivste Seite, wie man sich leicht denken kann. Fassaden sind schöner als jedes Dahinter. Oft aufgeputzt nur mit Blick auf den Fremdenverkehr. Aber auch Einwohner sollen sich wohl fühlen. Bleiben und hohe Mieten zahlen. Besucher möglichst viel Geld da lassen.

„Unsere Stadt soll schöner werden" hat manches Stadtgesicht so verändert, dass man es nicht mehr wiedererkennt. War es einem aus früheren Zeiten vertraut. Schicker heute irgendwie, aber unbehauster. Glitzerschau statt Nestwärme. Junge fühlen sich wohl. Die Zeichen der Zeit genießend. Ältere Semester ziehen aufs Land. Wenn sie genug verdient haben. Oder bleiben in ihrem Altbau mit Klo auf der halben Etage. Solange er noch steht. Schnuppern am Gestern. Die Mehrheit passt sich an. Wohl oder übel.

Der Krieg, ja der schlimme Krieg hatte viele Städte Deutschlands unkenntlich gemacht. Trümmerhaufen, Häuser und Straßen. Wiederaufbau notwendig. Vorausschauende Politiker und Planer hatten die Stadt von Morgen im Visier. Bauten gläserne Hochhäuser. Strassen für wachsenden Autoverkehr. Nur klitzekleine Inseln lässt der Straßenverkehr zu. Kinderpielplätze, die den Namen nicht verdienen.

Andere besannen sich nach langen Diskussionen auf das Gestern. Bauten alles oder einzelne Stadtteile wieder so auf wie es alte Pläne und Fotos zeigten. Mit Denkmälern, deren Hauptfigur den Bombenkrieg überstanden hatte. Irgendwo unter einem Schutthaufen. Den Charme des Originals kann alles nicht haben. Aber erinnern tut gut. Die Frauenkirche in Dresden, der Römer in Frankfurt Kennzeichen der Stadt und Touristen eine Reise wert.

In den Köpfen alter, immer älter werdender Bewohner trauert das Alte. Jahr um Jahr. Solange sie noch leben. Erzählen Söhnen und Töchtern, Enkeln. Zeigen Fotos. Erinnern dies und das. Die Jungen nicken, trinken ihre Colaflasche aus und fahren in die Disco. Weit außerhalb der Stadt.

Alles ändert sich. Immer noch. Abreißen, Neues bauen, überbauen, untertunneln. Wirkliche oder vermeintliche Notwendigkeit diktiert die Planung. Nur selten gelingt es, Neues mit Altem zu versöhnen. Das Gesicht der Großstadt ohne Totaloperation zu erhalten. Es wird diffuser. Irritiert Liebhaber mehr als es begeistert. Der Zeiten Geist beherrscht Köpfe und Materialien. Auf dem neuesten Stand sein. Allen gerecht werden die Devise. Wie soll dabei Vernünftiges herauskommen? Das Dauer verspricht und Menschen glücklich macht.

Bleibt dem Einzelnen nur, im lärmenden Getriebe eine Nische zu suchen, die ihm gefällt. Eckkneipe, die die Bomben verschonten. Übrig gebliebenes Quadrat mit Platane und Gartenstühlen. Irgendwo dazwischen. Freunde mitnehmen. Ein Glas Bier trinken. Oder zwei. Oder drei.

Warum fahren wir so gerne nach Venedig, Florenz oder Wien? Den Geruch in Ruhe alt gewordener Städte atmen. In Gassen und Innenhöfen, auf Plätzen. Rauschenden Alleen. Den Blumentopf auf der Fensterbank sehen wie eine Rarität. Kulinarische Spezialitäten probieren, genießen. Gewachsenes bewundern mehr als Gemachtes. Nicht nur große Kunst in den Museen. Das Gesicht einer Stadt hat viele Facetten. So viele wie Einwohner. Mit ihren Gesichtern. Fassaden und den Rätseln dahinter.

Großstädten liegt daran, Gewerbe- und Industrieflächen zu erweitern, um mehr Steuer zu kassieren. Ihre Kassen sind ewig klamm. Deponien, um gegen Gebühren den Dreck zu entsorgen, den Gewerbe und Einwohner nicht behalten wollen. Hinterhöfe, die man ohne Polizeischutz besser nicht betritt. Es lärmt und stinkt an vielen Orten penetrant. Die Kehrseite des schönen Scheins. Fahren wir nach Düsseldorf.

Düsseldorf am Rhein meine Geburtsstadt. Unverkennbar die Silhouette mit zwei Türmen. Dem vom ehemaligen Schloss. Und dem schiefen, verdrehten der Stadtkirche St. Lambertus. Sie prägen die Silhouette der Stadt, gesehen vom gegenüber liegenden Rheinufer. Vom Deck der Vergnügungsdampfer der Köln-Düsseldorfer Dampfschiffahrtsgesellschaft und Schleppkähnen. Die Flagge zeigen aller Anliegerstaaten des Rheins. Vom Schloss nur der Turm übrig geblieben nach einem verheerenden Brand 1872. Ebenfalls bei einem Brand stark beschädigt der Turm der gotischen Kirche. 1815 wieder aufgebaut. Aber warum schief?

Hier beginnt die Märchenstunde. Eine Sage erzählt, der Teufel wollte die Kirche aus dem Boden reißen. Sie wehrte sich, der Turm blieb verdreht. Eine andere behauptet, wieder sei der Teufel Urheber der architektonischen Besonderheit. Bestrafte einen Düsseldorfer, der kein Kölsch (Kölnisches Bier) trinken wollte. Verbog den Turm. Der Kleinkrieg zwischen den Metropolen Köln und Düsseldorf dauert immer noch an. Findet seinen frotzelnden Höhepunkt beim Karneval.

Wie man liest war auch kein Orkan der Bösewicht. Düsseldorfs Schief hat eine andere, ganz nüchterne Ursache. Man verbaute 1815 zu frisches Holz für den Turm. Beim langsamen Trocknungsprozess verzog es sich. Und blieb so wie es zuletzt war, schief. Das Wahrzeichen Düsseldorfs charakterisiert das Gesicht der Stadt. Wie die krumme Nase einen Menschen. Niemand kann sich Düsseldorf ohne den schiefen

Turm vorstellen. Für den Rat der Stadt ist er ein denkmalgeschütztes Markenzeichen. Auch wenn er dem von Pisa nicht das Wasser reichen kann.

Nähert man sich Düsseldorf von Süden, das Glanzstück der Stadt hält einen fest. Schloss und Park im Vorort Benrath. Gespiegelt im Weiher, also doppelt zu sehen. Auch nüchtern. Umgeben von alten, uralten Bäumen. Rokokojuwel das eine. Naturwunder das andere. Also Pause machen, besichtigen, schlendern durch den Park, entlang Blumen in buchsgeränderten Beeten. Kaffee trinken im Café vis à vis. Die Großstadt weit, weit weg.

Die Distanz zwischen Schloss und ersten Schloten keine zehn Autominuten. Schornsteine, dampfende Kessel der Persilfabrik Henkel & Co. Erfinder und erfolgreicher Produzent von Wasch- und Reinigungsmitteln. Für alle, deren Weltanschauung es ist: alles, aber auch alles muss blitzsauber sein. Deutsche sind darin Weltmeister. Lange, lange schon bevor sie Fußball-Weltmeister wurden nach dem Krieg 1954.

Kommt man von Norden, auch Gewerbe. Dienstleister der jungen Informationstechnologie. Deutschlandzentrale eines Konzerns. Ab da wird´s gewöhnlich. Dann laut. Reihenhäuser, Grünland, Reihenhäuser, Einzelsiedlung. Flughafen Düsseldorf-Lohausen. Es lärmt und brüllt und bringt Menschenmassen schräg auf zu den Wolken. Sekunden später ein anderer Flieger im Sinkflug, um etliche Dezibel leiser. Rollt wiederum

Menschenmassen in Richtung Gangway. Rauf und runter den ganzen Tag, die halbe Nacht. Das Radar auf dem Kontrollturm dreht sich lautlos. Die Windboje zappelt.

Kommen wir von Osten, bremsen uns bewaldete Hügel. Grafenberger Wald mit Namen. Jeder weiß, wo der ist. Und wie man hinkommt. Beliebtes Ausflugsziel wochenmüder Düsseldorfer. Eine Seite des Gesichts der Stadt, die sich nicht verändert hat. Kein Wunder, es ist weltgeschichtliches Terrain. Ein paar Kilometer weiter östlich im Neandertal fand man Knochen. Puzzelte sie zusammen, nannte das Resultat Neandertaler. 30000 Jahre alt der erste Mensch. Ja, Mensch. Obwohl Schädel und Körperhaltung richtig affig aussehen. Von dem sollen wir abstammen? Dieser erste Mensch wird verehrt wie ein Nationalheiliger. Im eigens für ihn errichteten Museum.

Mir sehr sympathische Wissenschaftler halten den ca. 10000 Jahre jüngeren Cromagnon für das erste mit Vernunft begabte Wesen. Intelligent. Fähig zu künstlerischer Aussage. Malte seine Umgebung, Jäger und Gejagte auf die Wände seiner Behausung. Den Höhlen von Lascaux im Périgord. Im Südwesten Frankreichs. Hochinteressante Jagdszenen sind das. Und meisterliche Kunstwerke. Picasso hätte seinen Spaß daran. Ähneln sie doch seinen Stierkampfszenen, den Tauromachien. Unser Neandertaler dagegen guckt doof aus der Wäsche. Oder hat man seinen Schädelknochen falsch interpretiert? An den Wänden der Neanderhöhle nicht mal simple Kritzeleien gefunden.

Schnell wieder auf die Schokoladenseite Düsseldorfs. Gesehen von Westen. Wie wir gelesen haben nicht die Einzige. Die Großstadt Düsseldorf hat viele Gesichter. Die Richtung entscheidet, aus der man sich nähert. Trifft auf Vergangenheit oder Gegenwart. Erhaltene Gründerzeit. Nachkriegsübel. Stille Winkel. Neuzeitverrücktheiten, wert ins Herz zu schließen oder schnell zu vergessen. Unbekannte Seiten kennen nur die Nischensucher.

Das kleine barocke Haus am Hofgarten mit dem Theatermuseum. Düsseldorf war durch sein Schauspielhaus bekannt. Gustav Lindemann ein erfolgreicher Intendant. Louise Dumont und Gustav Gründgens gefragte und bejubelte Bühnenhelden. Alt Sankt Martin im ruhigen Bilk. Mit ungewöhnlich hohem Turm und gotischen Fresken an den Innenwänden. Der stille Düsselbach im Schatten alter Ahornriesen. Namensgeber der Stadt. Immer noch die Kö von Leuten, die ihr Portemonnaie zuhause lassen. Als Kinder fischten wir Stichlinge, sagten Stachelditzchen, mit bloßen Händen ohne Netz. ‚Geissel' die urige Eckkneipe, in der immer noch der Dunst von Zigaretten an Wänden und Decke klebt. Schöneren Zeiten nachweint. Düssel-Alt, das typische Gebräu kühlt erregte Gemüter. Lindert Sorgen. Regt an und verspricht ein zweites Glas. Ein drittes. Alkoholgehalt minimal. Zufriedenheit maximal.

Das Stadtzentrum ist Aufenthaltsort aller, die hier wohnen oder die Stadt besuchen. Die ‚Kö' kennt man in der ganzen zivilisierten Welt. Ehemals Paradestraße, heute Flaniermeile für Jung und Alt. Arm und Reich. Der Graben inmitten der zweispurigen Allee ein stehendes Gewässer. In dem sich mein altes Gymnasium spiegelt. Und gläserne Hochhaustürme. Immer neue kommen hinzu. Neue Geschäfte, Hotels, Passagen. Überall, wo eine Lücke frei und zu bezahlen ist. Keines von ihnen übertrifft das Thyssen-Krupp-Hochhaus. Nicht an Höhe. An origineller Architektur. Seine Eleganz ist sprichwörtlich. Dreischeibenhaus nennt man es. Typisch HPP Architekten-Crew. Typisch Düsseldorf.

In seinem Schatten krümmt sich ein neues Schauspielhaus, originell auszusehen. Nicht leicht neben einem Phänomen. Typisch Düsseldorf. Gesichter wie alle? Denke an Freiburg.

Lebe nach dem Tod meiner Frau jetzt hier im sonnigen Süden. Wirklich, hier scheint öfter die Sonne. Temperaturen meist ein paar Grade wärmer als in Düsseldorf. Regen schneller wieder vorbei. Anders, ganz anders als die Großstadt am Rhein. Der Rhein auch hier nicht weit. Zu weit, um sich in ihm zu spiegeln. Und vom gegenüber liegenden Ufer das Münster zu sehen. Es hat einen geraden Turm. Geometrisch genau berechnet, mit offener, vielfach durchbrochener Turmspitze. Öffnungen, die nach oben hin immer kleiner werden. Sturm fegt hindurch, findet keinen Widerstand.

Selbst Bombenexplosionen des letzten Luftangriffs schadeten ihm nicht ernstlich. Schönster der ganzen Christenheit, hieß es im neunzehnten Jahrhundert. Romantisch versüßt, obwohl er gotisch und salzig ist. Der mineralhaltige Sandstein vom Lorettoberg machte ihn stabil und wetterfest. Ergänzungen mit Steinen aus anderen Gegenden verwitterten rasch, zerbröselten. Die meisten Originalsteine schon über 600 Jahre fit und schön ockerrot anzusehen.

Im Gegensatz zu Düsseldorf kann man sich annähern von welcher Seite auch immer. Es gibt kein typisches Merkmal. Es sei denn, man hält die perforierten Kirchtürme in den Dörfern rundum für Vorzeichen des Münsterturms in Freiburg. Mehr oder weniger schlecht gelungene Plagiate. Sonst ragt nichts heraus aus dem badischbäuerlichen Gleicherlei. Gelegentich ein Schornstein. Ein Lagerhaus. Eine Werkstatt. Alles klein, so als duckte es sich. In niedrigen Hallen hämmert es und klopft und gibt singende Geräusche von sich. Kleines Gewerbe. Keine Industrie. Grünes ist überall.

Gelegentlich zeigt sich der Münsterturm. Verschwindet hinter Häusern, Bäumen. Taucht unter um wieder aufzutauchen. Eigentlich abwesend ist er nie. Präsent in Baulücken und im Kopf. Im Osten der Schlossberg. Nördlich Getreide und Gemüse. Westlich und südlich Weinland, Hügel mit klingenden Namen. Deren Beerensaft Weintrinker zu Säufern macht: Kaiserstuhl und Tuniberg.

Im Rutsch ist man drin. Zufahrtsstraßen von Norden, Westen und Süden perfekt ausgebaut. Hinter den beiden historischen Torhäusern, Martinstor und Schwabentor empfängt uns eine quirlige Altstadt. Mit Menschen auf Straßen, in Gassen. People in Geschäften, Cafés, badischen Gasthäusern, Eisdielen und Trattorien eingewanderter Italiener. Geliebt wie überall in der Welt. Franzosen, Spanier, Japaner und Chinesen fehlen nicht. Wer von Norden kommt, dreht sich in einem Kreisel und schon ist er auf der Hauptgeschäftsstraße. Auto im Parkhaus. Der Münsterturm begrüßt den, der ihn sucht. In Querstraßenlücken.

Auffällig die Bächle in den Straßen. Fließen zwischen Bürgersteig und Fahrbahn in ausgebauten Kanälen. Muntere Stimmungsmacher. Kinder ziehen am Bindfaden kleine Boote hin und her. Die Eltern hocken sich und passen auf, dass Baby nicht ertrinkt. Fast tausend Jahre versorgten die Wasserquellen des schwarzen Waldes Freiburg mit Trinkwasser. Es floss in ausreichenden Mengen durch ein Rohrnetz bis in die Häuser. Abwässer in die Bächle. In jüngerer Zeit sind sie ein Markenzeichen der Stadt. Neben dem Münster. Wahrnehmbar von allen, die darüber springen müssen, wollen sie auf die Fahrbahn oder die andere Straßenseite. Hörbar von denen, die nicht von dieser Welt sind.

Mitten im Städele die Universität. Eine der ältesten und renommiertesten. Mittlerweile sind 17400 Studierende immatrikuliert. Die Hälfte von ihnen mittags aushäusig. Geschätzt. Bevölkern laut schnabulierend oder referierend die oben beschriebenen Etablissements. Queren Straßen, sodass die Tram stehen bleiben muss. Touristen ermuntert, das gleiche zu tun. Tram wartet bis die Schienen wieder frei sind. Fahrer klingeln nicht. Respektieren die Freiheit von Fußgängern, Radfahrern. Lassen sie schlendern, stehen bleiben. In Düsseldorf unvorstellbar.

Radfahrer nenne ich Rädelsführer. Wie in keiner mir bekannten Stadt proben in Freiburg Studenten und deren radelnde Anhängerschaft den Aufstand. Am laufenden Band. Lautstark. Irgendwas ist irgendwo. Viele Hunderte strömen ins Zentrum. Protestieren gegen Diskriminierung von Lesben und Schwulen. Obwohl sie niemand im selbstverliebten Freiburg diskriminiert. Die Schlussveranstaltung der Aktion vor dem erzbischöflichen Palais. Halbnackte mit bemalten Gesichtern, kardinalroten Perücken und grellen Schildern gegen 2000 Jahre Männerherrschaft. Für Gleichstellung mit der Ehe.

Andere werben vor dem Theater lautstark für Nachhaltigkeit. Was immer sie darunter verstehen, man kennt seit Langem die Klischees. Einzelne verunglimpften Papst und Kirche mit subversiv formulierten Thesen auf Handzetteln bei seinem Besuch 2011. Eine Frau singt Gotteslob mit lauter Stimme. Hundert Meter weit zu hören. Wenige wie Missionare mahnen auf kleinen Plakaten „Gott ist der Größte“. Unter den Arkaden spielt die Musik. Melodien aus aller Herren Länder. Oft sind die Straßen gesperrt. Rädelsführern freie Bahn. Freiburg ist tolerant. Und grün. Grüner als alle anderen Großstädte.

Immer mehr Dächer verunstalten Solarplatten. Auf den schrägen Flächen nicht zu übersehen. Neubauten in den Vororten gleichen Bauklötzen mit einem Pultdach gen Süden. Blauschwarz glitzernd begrüßen sie Ankommende. Verdrängen die traditionellen Biberschwänze von den Satteldächern. Kaltes Blauschwarz statt warmes Toskanarot verschandelt das Gesicht der eigentlich sehr schönen Stadt. Ein Grüner schon in der zweiten Legislatur OB. Freiburg hat ein grünes Gesicht.

Leute kommen in Bussen, das Musterbeispiel Vauban zu besichtigen. Den Stadtteil, der Sonnenenergie auf alle Dächer holte. Verschandelt, was ohnehin keinen Schönheitspreis verdient. In den Augen von Ästheten. Die Siedlung eine ehemalige französische Kaserne. Daher der Name. Sébastien Vauban war ein französischer Festungsbaumeister. Auch der erste Festungsring um Freiburg sein Werk. Nach Abzug der Besatzer wurde das Viertel modernisiert und erweitert. Optisch eine eigenwillige Mixtura von Putz, grellbunten, seitlich verschiebbaren Blendläden, Stahl, Kunststoff und Grün. Viel Grün. Einwohner demonstrieren erneuerbare Energie. Konsequent wie Deutsche nun mal sind. Spart Geld. Ja. Saubere Luft. Ja. Dreimal Ja. Aber das Klima retten? Die Hybris hat ihren Höhepunkt.

Hunderte ernst zu nehmende Wissenschaftler registrierten, rechneten, verglichen die Extreme. Resultat: Die Sonne ist für die Erderwärmung verantwortlich. Nicht CO_2. 1177 der kälteste Winter des Jahrhunderts. Zu wenig Sonne. 1540 trocknete der Rhein aus. Zu viel Sonne. Kein Wasser, kein Getreideschiff, kein Brot. Hungersnot. Hunderttausend Tote. Auch 1816 ein Sommer ohne Regen. 40,2°C mit Dürrefolgen vielerorts. Sonnenstürme schleuderten Enegiemassen ins Weltall. Mit der Wucht von 66 Milliarden Hiroshimabomben. 1983 ähnlich trocken. „Wann wird´s mal wieder richtig Sommer“ die sehnsüchtige Stimme Rudi Carrells. „Ein Sommer wie er früher einmal war“. Die nächste Hitzewelle kommt bestimmt. Die 20% vom Menschen verursachten CO_2 beeinflussen das Weltklima kaum.

Unliebsame Beweise verschwinden in Schubladen. Passen Politikern nicht in den Kram. CO_2 reduzieren lautet die Parole. Erneuerbare Energie das Wahlkampfthema. Merkel unter Druck macht mit. Bestreitet. Modifiziert. Dann auf die Fahne CDU geschrieben. Dabei geblieben. Denn Millionen fließen. Deutschland vorneweg. Dabei steht fest, es kann nicht den propagierten Effekt haben. Nüchterne Köpfe sehen nur einen: Industrie verdient, Stromverbraucher sparen à la longue. Sehen wir den Tatsachen ins Auge.

Lediglich 0,0014% CO_2 in der Atmosphäre. Von denen die Natur selber 80% produziert. Die lächerlichen 20% CO_2 reduzieren soll das Klima retten? Ein teurer Spaß. Aussichtslos, sagen Experten. Schließe mich an. Könnte eine Uno-Behörde doch durchgreifen. Staaten ausschließen, die bestimmte Mindestanforderungen an die Reinerhaltung von Luft, Gewässer und Böden nachhaltig überschreiten. Konsequenter als bisher Tsunamiopfern helfen. Gefährdete Gebiete schützen oder räumen. Neue, sichere anlegen. Wüsten fruchtbar machen. Energiebedarf senken. Utopisch denken Sie? Ja, leider.

Zum Glück reden Einwohner und Gäste häufiger über andere Themen. Über die man schwätze kann. Frei von jedweder Ideologie. Freiburg ist quasi die Hauptstadt Badens. Will heißen, ein Eldorado der Lebensfreude. Mit Treffpunkten unterschiedlichster Art. Hinter pseudobarocker Fassade ein Kneipentheater. Hinter hohem Tor ein grüner Innenhof. Der uns mit runden Tischen und rund herum gestellten Gartenstühlen einlädt, Zeit zu verschwenden bei Kaffee und Kuchen.

Eine halb geöffnete Glastür lässt eine chromlitzende Theke sehen mit dreißig Sorten Gelato Italiano. Eines der besten. In der schmalen Konvikt-Straße beidseits kleine Fachgeschäfte. Solides für gehobene Ansprüche. Eine alte Buchdruckerei bietet künstlerisch gestaltetes Briefpapier an. Echte Preziosen. Aus einem alten Fachwerkhaus dringt der Geruch von Wein und Bratkartoffeln, Brägele sagt man hier.

Wenn´s draußen 20°C zeigt, sind blitzartig Tische und Bänke rausgestellt. Verengen die ohnehin schmale Fahrbahn. Frischluftvergnügen. Über der Straße schaukeln Glyzinien an Drähten. Spenden spärlichen Schatten, wenn die Sonne scheint. Am Ufer eines Baches überrascht ein Mittagstisch. Stille heimliche Oasen zwischen Häusern, im Schatten alter Bäume. Im Wallgraben-Kellertheater sieht man Feydeaux´s ‚Wie man Hasen jagt'. Im Jos Fritz Café spielt ‚Jazz ohne Stress'. Gitarrenmusik im ‚Depot K'. Die renommierte Hochschule für Musik lockt mit Martha Argerich am Flügel. In der alten Wiehre liest ein junger Mann seine neuen Gedichte. Es lohnt, sich auf die Suche zu machen.

Einheimische helfen mit intimer Ortskenntnis. Wenn es denn echte Freiburger sind. Auch Freiburg muss Zuwanderung verkraften. Nicht nur Studienanfänger. Auf den Straßen begegnen uns auf Schritt und Tritt alle Hautfarben und Idiome dieser Erde. Die Stadt lockt mit Uni, Lebensqualität und Toleranz. An Samstagmittagen ist die Kaiser-Josef-Straße Austragungsort für Stelldichein und Einkäufe aller Art. Jeden Umfangs. Es ist eng. Aber das Wort eng trifft es nicht. Menschenmassen drängen in alle Richtungen. Scheinen aneinander zu kleben wie Hefeteig am Brett. Und bewegen sich doch. Eilige sind verloren.

Man wundert sich, dass es keine Unfälle gibt. Rucksäcke an Nasenbeine stoßen. Schuhgröße 46 auf Sandalengröße 36 trampelt. Oder umgekehrt. Volle Einkaufstaschen gegen pralle Plastikbeutel knallen. Kinderwagen im Gegenverkehr mit Müttern oder Vätern kollidieren, die ihr Baby sicherheitshalber an die Brust oder den Rücken geschnallt haben. Sehe die Frau im Rollstuhl gelassen, eine Insel im Strom. Elegante Dame perfekte Akrobatin: In der Linken eine große aufgebeulte Papiertüte. Unübersehbar leuchtet das silberne Markenlogo. Blumenstrauß im Beutel an zwei Fingern. Hundeleine in der Rechten. Unterm Arm Rhabarberstangen. Eleganz auf Freiburger Art.

Da und dort viele Neugierige noch dichter zusammen gedrängt. Genauer zu sehen, zu hören. Akkordeon, Xylophon und Tamburin einer Gruppe Peruaner. Mit heimatverlorenen Stimmen. Schnellzeichner, der rasch ein Portrait aufs Papier strichelt. Zum Mitnehmen für 10 Euro. Alter Mann mit Leierkasten, auf dem ein Stoffaffe zur Musik ständig mit dem Kopfe wackelt. Kunstfiguren, die Menschen sind. Silbern oder golden besprüht von Kopf bis Fuß. Stehen wie eine Skulptur und bewegen sich nicht. Mal zwinkert ein Auge, hebt sich die Hand. Auf dem Boden vor ihnen die Box. Spende erbeten. Unter einer Arkade zwei Geiger, Mozart klingt vierstimmig. Wunderbar.

Überall junge Mädchen. Auffallend viele junge Mädchen. Flutschen durch Lücken im Gedränge wie Fische durch Algen im Meer. So schlank sind sie. Zwischen nackter Schulter und langen Beinen nur ein Minimum von Textil. Senioren gucken sich die Augen aus. Jungsein ist Leben. Bei allem Bemerkenswerten, es hetzt. Warum so eilig? Frage ich mich.

„Immer mit der Ruhe Bringerle“. Schiebe meine Füße schrittweise in Richtung Markt. Bleibe stehen. Sehe mich um. Unübersehbar die Menschenmenge. Hinter mir. Vor mir. Redet, lacht, telefoniert, beißt in Brötchen, raucht Zigarette. Küsst sich, muffelt vor sich hin, schweigt. Bewegt sich irgendwie. Rennt, kaum etwas Luft im Gedränge, einen Platz zu ergattern in der Gastwirtschaft. Mit mehr Glück als Verstand.

Gaststätten an Samstagmittagen sind randvoll. Wie die Gläser auf den Tischen. Leute wollen endlich sitzen. Einkauf erledigt. Essen, trinken. Über Gekauftes reden. Herzeigen. Petersilie vergessen? Der Münstermarkt um die Ecke. Den immer noch runden Stammtisch hält ein Wimpel frei für den Abend. Die Männerrunde zur gewohnten Zeit. „En oder zwe Fläschle schlozze. Guet esse, Miteinand rede. Über das Lebe, das Lebe. So hent mers gern“.

Der Leser spürt, da schreibt einer, der diese Stadt liebt. Die tausend Gesichter einer Großstadt, die ihrem Wesen nach eine Kleinstadt ist. Kleinstadt mit ähnlichen Vororten. Dachse im nahen Wald. Alles ist nah. Überschaubar. Vertraut. Kommt mir vor. Ein Dorf, in dem überraschenderweise der schönste Turm der Christenheit und der beste Wein zuhause sind. Und Badener, denen man nachsagt, sie seien genusssüchtig und aufmüpfig. In Dörfern kennt jeder jeden und alles. Bildet man sich ein, sagt Botzele, ein erfahrener Insider. Vielleicht hat er Recht. Ganz sicher sogar.

Düsseldorf ist für mich jetzt weit weg. Mit seinen ausufernden Flächen, immer verwegener aussehenden Gebäuden. Für Leute, denen managen wichtiger ist als leben. Gläserne Tetraeder, Oktaeder, Riskante Schrägen dringen in immer größere Höhen vor. Als könnte man da oben am Himmel lukrativere Geschäfte machen.

In Freiburg ist der Himmel hier unten. Da wo die Bächle fließen. Und der Wein in den Gaststuben noch aus Fässern kommt. Austrocknen muss hier niemand. Selbst nicht, wenn die Wässerle von den Schwarzwaldhöhen unterwegs versickern. Wein genug.

In allen Geschmacksrichtungen, Öchslegraden und Farben. Von Grüngelb über Lachsrosa bis Dunkelviolett. Da wo die Leut schwätze ist der Himmel. „Wer nicht redet ist schon tot", sagt Gottfried Benn. Ein Poet, den die meisten nicht mehr kennen. Bis auf Germanisten. Die Jungen schätzen wieder Martin Heidegger. Ehemals Philosoph und Rektor der Uni. Nachdem sie zugeben mussten, seine philosophischen Deutungen und Erkenntnisse sind wichtiger als seine temporäre Nähe zu den Nazis. Heidegger ein Freiburger? Zeitweise. Alles klar. Und wo ist das Rätsel? Habe einige lösen können. Aber noch nicht auf alle Fragen eine Antwort. Grund genug, hier zu bleiben.

Marilyn Monroe

Marilyn Monroe das bekannteste Filmgesicht der 50er, 60er Jahre. Das Gesicht einer begehrenswerten, leicht zu erobernden Frau. Archetyp einer Sexbombe. Schön, lasziv, verführerisch. Traumfigur, die in Hirnen von Millionen Männern Fantasien implodieren lässt. In die Kinos treibt. In die Bars: Wo ist eine Blonde? Mit großem Busen und wackelnden Hüften? Wo? Frage: War diese Frau als erotisches Phänomen geboren? Oder hat man sie dazu gemacht? Für das große Geschäft zurechtgerückt, geformt und blondiert? In Rollen gesteckt, die die Kinokassen überfließen lassen?

Bevor wir ein Urteil fällen – so oder so – erzähle ich Ihnen die Geschichte ihres Lebens. Bei einer so dramatischen Aufeinanderfolge von Glück und Unglück, Erfolg und Ausbeutung, Einsamkeit letzten Endes, konnte es nur ausgehen wie es ausging.

Als Norma Jeane Mortenson kam sie auf die Welt. Im Kirchenbuch steht Norma Jeane Baker. Name ihrer Mutter vor Scheidung und Heirat mit Mortenson. Kaum geboren, gab sie, wieder ledig, das Kind zu Pflegeeltern. Ida und Albert W. Bolender. Sieben Jahre blieb sie in der frommen Familie. Mitglied einer Pfingstgemeinde. Norma durfte auf keinen Spielplatz. Vergnügen unmoralisch. Pseudomoral, die man in nicht wenigen Gemeinschaften der USA heute noch antrifft. Neuerdings liest man, in der erzkonservativen ‚Tea-Party' werden Kinder so erzogen, dass sie es schön finden, bis zur Hochzeitsnacht keusch zu bleiben. Treue Katholiken nicken, wie früher. Medien freuen sich über ungewöhnliche Geschichten.

Normas Mutter holte sie wieder zu sich. Zieht mit ihr nach Los Angeles in ein Haus für alleinerziehende Frauen. Der sonntägliche Gang ins Kino für die Kleine ein Vergnügen. Im Gegensatz zur Sonntagspflicht bei den Pflegeeltern. In der Kirche fromme Lieder singen müssen machten keinen Spaß. Ihre Mama kam nicht klar mit der ungewohnten Aufgabe ein Kind zu erziehen. Litt unter Depressionen, musste ins Sanatorium. Norma ließ sie bei ihrer Freundin Grace McKee wohnen.

Wieder ein fremdes Zuhause. Mit ihren eigenen drei Kindern wurde es auch Grace zu viel. Brachte Norma in ein Waisenhaus in Hollywood. Das arme Kind regelrecht verschaukelt. Was musste sie gefühlt haben? Als Grace Goddard, wieder eine neue Frau, in ihr Leben trat? Formell alles okay. Übernimmt die Vormundschaft. Als sich ihr Mann an Norma vergeht, flieht das Kind zu Tana Lower, ihrer Tante. Vier Jahre hält sie durch. Dann schmeißt sie die Highscool. Nicht verwunderlich. Gerade 16 Jahre und rechtmäßig verkuppelt. Verheiratet mit dem fünf Jahre älteren Fabrikarbeiter Jim E. Dougerty.

Die Zweckheirat sollte ihr das Waisenhaus ersparen. Dougerthy musste in den Krieg. Norma, so hieß sie immer noch, arbeitete in einer Lackfabrik. Da entdeckte sie der Fotograf David Conover. Norma wurde Fotomodell. Posierte als Arbeiterin am Band einer Rüstungsfabrik. Gewann Spaß daran. Stolz darauf, sich als Star zu sehen. Reiste mit David durch Kalifornien, machte Fotoserien. Bis seine Mutter das Techtelmechtel mit der Siebzehnjährigen nicht mehr duldete. Sie musste aufhören und zog wieder zu Tanta Ana.

Aber fotografiert zu werden gefiel ihr. Bewarb sich bei Blue Book Modeling Agency für eine Champoo-Werbung. Ließ ihr brünettes Haar bleichen. Nicht lange und sie ist das dumme Blondchen. So spotteten Kollegen. Sie litt darunter ihr weiteres Leben. Wollte sie doch so gerne ernsthafte Rollen spielen. Stattdessen blieb sie festgenagelt auf den Typ einer Blondine, auf die Männer fliegen.

Dieses Gesicht kennt jeder. Andy Warhol und Ben Heine haben es gemalt, fotografiert, künstlerisch modifiziert. MM im Museum of Modern Art. Immer noch auf Postern bei Ebay zu kaufen. Man könnte meinen, sie war glücklich. So wie sie ausschaut, lacht, schimmernde Zähne zeigt. Ihre Augen fast geschlossen „Trau dich“ sagen. Nach dem was wir bereits über sie wissen, ist dieses Filmgesicht eine Maske. Fassade, hinter der ein ängstliches Herzchen zittert.

Mit dem Fotografen André Diemes auf Fototour durch Kalifornien, Nevada und New Mexico. Die Affäre ergibt sich zwangsläufig. Ihr heimgekehrter Ehemann Jim fordert eine Entscheidung: Entweder Ehefrau oder Fotomodell. Da erscheint auf einer Titelseite ihr erstes Foto. Sie bleibt was sie ist, Fotomodell mit großen Plänen im wasserstoffsuperoxydblondgelockten Köpfchen.

Probeaufnahmen bei 20th Century Fox. Wird für kleine Rollen engagiert. Der Studioleiter macht aus Norma Jeane Mortenson eine Marilyn Monroe. A Star is born. Bleibt es sechzehn Jahre. Mit wachsendem Erfolg. Und wachsender Einsamkeit. Trotz immer neuer Affären mit Männern. Die eher Abenteuer sind. Unterwegs auf der Suche nach einer Liebe, die bleibt. Nach dem Vater, den sie nie hatte. Sylvester 1948 lernt sie den Schauspieler Johnny Hyde kennen. Der überredete sie, Nase und Kinn zu korrigieren. Stellte sie einflussreichen Leuten vor. Sie bekam eine etwas größere Rolle.

Wieder taucht ein Fotograf auf. Tom Kelley. Nacktaufnahmen brachten 50 Dollar. Erste richtige Rolle im Gangsterfilm ‚Asphalt Dschungel'.

Fotografen waren wie Taxis am Weg. Brachten sie dahin, wo Licht war. Den Schatten wollte sie nicht wahr haben. Sah nur das Licht. Scheinwerferlicht, das für sie Hoffnung war. Herauszukommen aus den Schatten der Vergangenheit. Der nächste Fotokünstler hieß Milton H. Green. Die Affäre dauerte zehn Tage. Als die berühmte ‚Life' ihr Foto auf die Titelseite druckte, erhielt sie einen 20-Jahresvertrag bei der 20th Century Fox. Lernte den Dramatiker Arthur Miller kennen. Endlich?

Doch dieser große Mann der Literatur wird erst später ihr Ehemann. In der Zeit dazwischen überfiel sie große Liebe zu Joe DiMaggio. Dem charmanten Sohn sizilianischer Einwanderer. Er gut katholisch und trotzdem geschieden. Gefeierter Baseballspieler. Hoffte sie, von seinem Glanz etwas abzubekommen? Die Medien publizerten bereits das Traumpaar des Jahres. Als eines ihrer früheren Nacktfotos veröffentlicht wurde, war der Katholik Joe entsetzt. Die Filmgesellschaft besorgt. Marilyn entschuldigte es mit Geldsorgen. Die Presse beruhigt. Der Skandal verhindert. Joe verzieh ihr.

In der Zwischenzeit erschien mit ihr ein Film nach dem anderen. ‚Niagara', ‚Blondinen bevorzugt', ‚Wie angelt man sich einen Millionär?' 1250 Dollar kassierte sie pro Drehwoche. Partnerin Jane Russel verdiente das zehnfache. Die Gesellschaft Millionen.

Marilyn kokettierte gern. Lockte, forderte heraus. Ob es ihre Natur war oder die Erfahrung irgendwas kommt für sie dabei heraus. Eine Story in der Zeitung. Das Angebot eines Filmmoguls. So gestand sie einem Reporter, nachts trage sie nur Chanel No 5. Tagsüber selten Unterwäsche. Bei Anproben in Geschäften verloren Verkäuferinnen ihre Fassung. Ihr Joe ist eifersüchtig, katholisch wie er ist. Seine Frau eine Sexbombe gefällt ihm gar nicht. Erwartete, dass sie ihren Beruf aufgibt. Sie aber schwelgte in ersten Erfolgen. Der ‚Playboy' druckt ein früheres Aktfoto auf einer Doppelseite. 20th Century Fox produziert und produziert. Joe und Marilyn arrangierten sich, heirateten 1954 in San Francisco. Die Braut änderte den üblichen Text. Gelobte, Joe ihrem Mann nicht zu gehorchen. Der musste sehr geduldig gewesen sein. Oder sie über alle Maßen geliebt haben. Letzteres wahrscheinlich.

An ihrem Todestag ließ er jedes Jahr zwanzig rote Rosen auf ihr Grab stellen. Behielt es bei bis er selber starb.

Für ‚Das verflixte siebte Jahr' posierte sie über einem Lüftungsschacht der U-Bahn. Ihr weiter Plisseerock vom Luftstrom hoch geblasen bis zur Taille. Toller PR-Gag, meinte der Fotograf. Viel zu sehen. Fast alles zu sehen. Joe eilte herbei, gerufen von einem Journalisten. Not amused. Schimpfte laut, verlor die Fassung. Schlug sie. Kurz darauf reichte Marilyn die Scheidung ein. Es musste mehr geschehen sein. Wir wissen es nicht. Marilyn beginnt die Behandlung bei einer Psychotherapeutin in New York. Nimmt Schauspielunterricht bei Lee Strasberg. Sieht Artur Miller wieder. Beginnen eine Affäre.

Gleich nach der Scheidung von Joe DiMaggio schließt sie einen Siebenjahresvertrag mit 20th Century Fox. Hat Mitspracherecht bei Drehbuch, Regisseur und Kameramann. Nach Millers Scheidung heiraten sie standesamtlich in New York. Fliegen nach London.

‚Die Monroe ist des Millers Lust' sangen wir an lustigen Abenden. Nach der Melodie ‚Das Wandern ist des Müllers Lust'. Der Film ‚Der Prinz und die Tänzerin' mit dem berühmten Laurence Olivier ein Riesenerfolg.

Wieder zuhause mieteten sie ein Haus auf Long Island. Marilyn erneut verunsichert. Nahm wieder Schauspielunterricht. Ging zum Psychiater. Miller schrieb seine Kurzgeschichte ‚Misfits' zum Drehbuch um. MM erste Rolle als Sängerin in ‚Manche mögen´s heiß.' Schwere Depressionen nach zwei Fehlgeburten. Ursache ihr übergroßer Konsum von Barbituraten. Film ‚Machen wir´s in Liebe' mit Yves Montand. Die Affäre blieb nicht aus. Marilyn faszinierten berühmte Männer. Große Männer faszinierte an Marilyn dieser Mix aus Unschuld und Laster.

Wieder spitzte sich die Lage zu. Miller änderte am laufenden Band das Script von ‚Misfits'. Marilyn stärker verunsichert. Schafft sie es? Titel und Thema ‚Nicht gesellschaftsfähig' machten ihr nicht gerade Mut. Ihre Herkunft tauchte auf aus der Versenkung. Machte ihr Angst zu versagen. Ihr Tabletten- und Alkoholkonsum wuchs. Ihre Konzentration ließ nach. Die Psyche, die verdammte Psyche machte mit ihr was sie wollte. Miller verschnupft. Verließ das gemeinsame Appartement im Beverly Hills Hotel. Therapie. Scheidung.

Die Therapeutin wies sie in eine geschlossene Anstalt ein, ohne sie darauf vorzubereiten. Marilyn rief um Hilfe per Telefon. Joe, der liebe Joe DiMaggio brachte sie ins Colombia Presbyterian Medical Center. Sie war einverstanden. Vier Wochen später verlässt sie es. Verbringt einige Tage mit Joe auf Florida. Besprechen erneute Heirat. Lernt bei ihrem Schauspielerkollegen Peter Lawford den amtierenden US-Präsidenten John F. Kennedy kennen.

Soll mit ihm in Bing Crosbys Villa geschlafen haben, munkelt man. Unvergessen ihr ‚Happy Birthday Mister President, happy Birthday to you.' Das hauchdünne eng anliegende Kleid ließ sie nackt aussehen. Die Augen halb geschlossen. Ins Mikro gehaucht. 11500 Gäste riss es von den Stühlen. Im Rest der Welt singen Girls den Song heute noch zum Geburtstag ihres Liebsten. Schließen die Augen und warten auf ein Wunder.

Marilyn wurde unzuverlässig. Kam ins Studio, dann wieder nicht. 20th Century Fox verklagte sie wegen Vertragsbruch. Auf ihrem Nachttisch häufen sich Berge von Tabletten. Sie war niedergeschlagen, desorientiert. Mochte einfach nicht mehr. Kollegen aber wollten nur mit ihr drehen. Die Filmgesellschaft bietet ihr einen neuen Vertrag an. Mit höherer Gage. Und dem Versprechen, die Klage zurückzuziehen. Marilyn und Joe DiMaggio beschließen wieder zu heiraten. Hoffnungsschimmer?

Am 5. August 1962 fand die Zugehfrau ihre Türe verschlossen. Bricht sie auf. MM leblos auf dem Bett. Die Polizei findet kein Indiz für ein Verbrechen. Aber eine Verschwörungstheorie hielt sich lange. Ließ sie der

Kennedy-Clan ermorden? Tatsache ist, schon länger geschluckte große Mengen von Barbituraten, Chloralhydraten führten zum Tod der erst 36jährigen.

Genau genommen waren es nicht Tabletten. Ihr verzweifeltes Suchen nach dem, was sie nie hatte der tiefere Grund. Ihr Gesicht aus dem Film ‚Misfits' zeigt es. Strahlender Star endete als seelisches Wrack. Zweifelnd an sich selbst. Und an der Liebe. Die Rolle verlangte es so. Marilyn dahinter fühlte es. Genau so.

Ich meine, das Poster mit dem Blondchen sollte man im Schrank lassen. Und an den Menschen denken. Der seinen Namen mehrmals ändern musste. Enttäuscht die Männer wechselte wie Hemden. Einen Menschen wie du und ich. Hin- und hergerissen zwischen Sein und Nichtsein. Irgendwo noch ein Rätsel? Mit Sicherheit.

Kein Mensch ist überschaubar wie ein leeres Zimmer. Marilyn Monroe war ein Zimmer, in dem niemand zuhause war. Nicht einmal sie selbst.

Das Mädchen in der Tram

Setzt sich mir gegenüber. Ein Kopftuchgesicht. Holt aus ihrer Tasche ein ungewöhnlich dickes Buch. Schlägt es auf. Beginnt zu lesen. Die meisten in der Bahn tippen auf ihr Handy, reden mit irgendwem. Oder sehen sich Fotos an. Zeigen sie der Freundin, kichern und schnabbeln ohne ein Ende zu finden. Buch lesende Mädchen sehe ich selten. Jungen nie. Scheinen abwesend. Hören mit Knopf im Ohr die Toten Hosen oder andere.

Bin neugierig auf den Titel. Passe auf wie ein Luchs. Hoffentlich wendet sie das Buch. Endlich legt sie es um, Finger dazwischen, die Seite nicht zu verschlagen. Lese den Titel: ‚Was kostet die Welt?'

Erst jetzt sehe ich mir das Mädchen genauer an. In aller Ruhe betrachte ich ihr fein geschnittenes Gesicht. Das seidene Kopftuch macht sie zur Madonna. Also Muslimin. Wage es, genauer hinzusehen. Sie trägt ein Jäckchen über knielangem Kleid. Die schlanken Beine in farblich abgestimmter Strumpfhose übereinander geschlagen. So selbstverständlich und lässig wie es nur unschuldige Mädchenbeine können. Ohne jede Absicht. Bin überrascht. Nicht erwartet von einer Anhängerin Allahs. Ältere, auch jüngere in lang wallenden Kleidern. Bis oben hin geschlossenem Outfit. Ein Minimum von

Gesicht. Das einzig nackte. Alles ist verpackt, was Männer auf andere Gedanken bringen könnte.

In Deutschland leben vier Millionen Muslime. 1,8 Millionen haben einen deutschen Pass. 74,1 % sind Sunniten, vorwiegend aus Nordafrika und dem Iran. Dort ist der Islam Staatsreligion. 12,7% Aleviten, meist aus Anatolien. 7,1% Schiiten aus dem Irak, Afghanistan, Libanon. Bei allen Glaubensrichtungen ist das Kopftuch eine Empfehlung des Koran. Nur im Iran Pflicht.

Frauen tragen es aus religiöser Überzeugung, die ihnen von klein an eingeimpft wurde. Für den Westen ist es eine Vergewaltigung der Frau. Und bekämpft diese Sitte. Muslimische Frauen fühlen sich dagegen mit dem Kopftuch emanzipiert. Vor allem die jüngeren. Endlich aus dem Elternhaus. Und raus in die Welt. Die Sure im Koran sagt: Am Kopftuch erkennt man die Frau und weiß ich darf sie nicht belästigen. Dass die Praxis oft anders aussieht wissen wir nur durch die Medien. Und das ein oder andere Geständnis einer Flüchtigen.

Auf unseren Straßen sieht man diese Fremden. Wekken feindliche Gedanken. Irritieren. Durch Sprache, die man nicht versteht. Lebensform, die anders ist. Religion mit einer Bibel, die sie Koran nennen. Er verbietet, was bei uns erlaubt ist. Erlaubt, was wir verbieten. Größere Gegensätze als die Moslemische Welt und unsere gibt es nicht. Frau im Burka das sichtbare Vorurteil. Alle wissen vom anderen zu wenig. Haben Klischees im

Kopf. Oder gar nichts. Nur die Jungen verständigen sich auf Deutsch. Beginnen zu verstehen.

Psychiater K. J. Pazzini legte des Volkes Seele auf die Couch. Herauszufinden, ob auch menschliche Lebensgewohnheiten vererbt werden. Nicht nur Charaktereigenschaften, musische Veranlagungen. Aber genauso leben Gewohnheiten und Tätigkeiten wieder auf in den Nachkommen. Alles kulturelle Faktoren. Musizieren, wandern, lesen, mit chemischen Pulvern experimentieren. Gerne rohes Gemüse essen. Geerbt vom Großvater, der solches liebte und praktizierte. Die Eltern liebten anderes. Facit: Lebensstil und Tätigkeiten beeinflussen menschliches Verhalten. Von Einheimischen und Zugewanderten. Nur kulturelle Einflüsse können bestehende Diskrepanzen auflösen à la long. Keine finanziellen. Kulturelle gehen tiefer. Bleiben.

In Schweden hatte Ebbe Åkerman, Ministerin für Soziales eine Idee. Lancierte sie über soziale Netzwerke im Internet. „Ladet euch zum gemeinsamen Abendessen ein. Lernt euch kennen. Eure Interessen, Vorlieben, Stärken, Handycaps. Kulturelle Eigenheiten. Probleme mit anderen. Redet miteinander. Lacht miteinander. So funktioniert Integration.“ Bekam überraschend schnell mehr Adressen als sie hoffte und nannte sich scherzhaft ‚Dinner-Ministerin'. Sie hatte sofort Erfolg. Die Warteliste ist lang. Zur Nachahmung empfohlen.

Langsam, ganz langsam gewöhnen wir uns an die Anwesenheit der Fremden. Vorbehalte bleiben. Das Angebot von regelmäßigen Dinnerpartys würde helfen. Nur muss es einer in die Hand nehmen. Eine Ebba Åkerman. Schöne junge Mädchen dabei, neugierige Jungen, erfahrene Mütter und weise alte Männer. Das machte Spaß, bringt näher. Verstehen kommt von alleine. Einfach drauf losreden. Reden.

Deutsche Jungen gehen bereits mit türkischen Mädchen. Und umgekehrt. Fremdes hat einen Reiz. Aber nicht ohne Risiko. Eines Tages Aufschrei der Medien, als zwei türkische Brüder auf brutale Weise ihre Schwester töteten. Sie war mit einem evangelischen Jungen befreundet und wollte ihn heiraten. Nur Allah ist Gott. Und Allah will nicht, dass wir Andersgläubige heiraten. Wer´s dennoch tut, bringt Schande über die Familie, er muss sterben. Vorsintflutliche Begründung von Menschen, die hier noch nicht angekommen sind.

Meine Tram summt stadtwärts. Das Mädchen liest. Woher mag wohl mein Gegenüber kommen? Vermute sie ist hier geboren. Jung wie sie aussieht. Schätze sechzehn. Sicher kam Ihr Vater oder Großvater als Gastarbeiter nach Deutschland und half dadurch unseren Arbeitskräftemangel zu beheben. Schon in den frühen Sechzigern. Der Wiederaufbau boomte. Nicht lange und überall tauchte Döner auf. Wie vorher schon Cevapcici und Fetakäse. Die angenehme Seite der Zuwanderung. Urlaubserinnerungen geweckt. Hingegangen. Italiener mittlerweile im Michelin-Sternehimmel.

In den Siebzigern konnten Gastarbeiter Frau und Kinder nachholen. Türken in der Mehrzahl aus dem armen Anatolien. Vielleicht eine Türkin die Kleine, vermute ich. Pardon schöne Namenlose. Wippt mit dem übergeschlagenen Bein. Es muss spannend sein, was sie gerade liest. Blättert, liest und wippt. Der halbhohe Pumps löst sich vom Fuß, hängt an den Zehen. Die schlanke Ferse in dunkelblauer Strumpfhose mit hellgrünem Netzwerk durchwebt entzückt mich. Kann nicht mehr wegsehen. Ob sie es merkt?

Mir fällt auf, ihre Kleidung ist perfekt abgestimmt. In Form und Farbe. Erkennbar gute Qualität. Richtig schick sieht sie aus. Wohltemperiert und mir sehr sympathisch. Ihre deutschen Altersgenossinnen dagegen tragen das, was auf den Einkaufstaschen prangt: H&M. Scheinbar schick. Billig, hält nur eine Saison. Auf ein Neues. Über Geschmack kann man streiten. Sieht so aus, als wären auch junge Muslima unter ihnen. Ohne Kopftuch. Mit nackten Schultern. Überemanzipiert?

Meine Gedanken wirbeln: soll ich sie fragen was die Welt kostet? Oder woher sie kommt? Die Welt wird nicht billig sein. Egal wer darüber reflektiert. Veröffentlicht, damit andere sich Gedanken machen. Mache mir meine Gedanken.

Eine Muslimin, schätze Türkin. Zuhause alles wie früher. Papa im Job. Mama und Oma versorgen Kinder und Enkel. Kochen und essen, was sie kennen. Und was erlaubt ist nach dem Koran. Geschächtetes Fleisch.

Will heißen das Schaf lebend abstechen, sodass Blut heftig strömt. Und alle schädlichen Stoffe im Körper des Tieres ausschwemmt. Ein Deutsches Gesetz schreibt Betäubung vor. Türken schächten. Wer kontrolliert´s?

Schweinefleisch verboten wie bei den Juden. Die islamkonformen Produkte im Supermarkt kennzeichnet ein grünes Label: Hatal. Mittlerweile bieten alle großen Ketten Hatal-Produkte an. Vier Millionen Verbraucher ein interessantes Marktsegment. Wächst kontinuierlich. Auch durch immer mehr Deutsche, die zum Islam konvertieren. Hat das Christentum ausgedient? Oder der Verzehr von Schweinefleisch rückläufig? Nachdenken erlaubt.

Besser aber vernünftig handeln. Über die Integration reden ist gut und schön. Praktizieren ist besser. Registriere da und dort bereits Fortschritte. Iskender Gider, Türke aus Istanbul, ein Freund. Hochtalentierter Zeichner. Illustrierte schon zahlreiche deutsche Kinderbücher. Assistiert Professor von Mannstein an Folkwang, der Hochschule für Gestaltung in Essen.

Atossa Faghir Afghani, Perserin betreibt in Staufen südlich von Freiburg ein kleines Lädchen. Mit persischem Kunstgewerbe. Kocht traditionelle persische Gerichte, liest persische Literatur, tanzt orientalische Tänze. Ihre natürliche Schönheit, ihre liebenswerte Art gewinnen aller Sympathie. Mittlerweile besuchen sie immer mehr Deutsche auch von weit her. Zu essen, zu plaudern. Mehr zu erfahren. Im Rahmen einer ‚Persischen Tafel' Geburtstag zu feiern. Alles ist Original Persisch. Eine Oase für Gestresste und Wanderer zwischen den Welten. Atossa spricht akzentfrei Deutsch. Englisch und Spanisch. Ihre Kenntnisse der afghanischen Sprache nutzt sie, Flüchtlingen zu helfen. Die bürokratischen Hürden beim Sozialamt zu überspringen. In der Bischofskirche betet sie den Rosenkranz. Allah ist überall.

Cem Özdemir, Türke. Werde ihm eine Email schreiben, fragen ob türkisches Essen ihn zum Vegetarier gemacht hat. Der erste Vorsitzende der Grünen im Bundestag ist ein pragmatischer Typ. Freundlich, höflich, zuvorkommend. Mit treffenden witzigen Bemerkungen lockert er manch verfahrene Situation. Ob er ein gläubiger Muslim ist, mir schnuppe. Da kann Erdogan noch so viel schimpfen, Lachen und Autofahren verantwortlich machen für den Verfall der Moral.

Sympathisch dieser Cem, ein humorvoller Kerl. Bei Politikern eine seltene Eigenschaft. Das Komitee in Aachen bestätigte es. Schlug ihn 2013 zum Ritter des Ordens wider den tierischen Ernst. Seine Dankesrede riss den Saal zu Beifallsstürmen hin. Dass er ein geborener Türke ist – vergessen.

Pegida kämpft gegen zunehmende Islamisierung. Volker Junk, Oberbürgermeister von Goslar, will mehr Immigranten in seiner Stadt. Sie ist überaltert und bald ausgestorben. Die alte Kaiserpfalz am Harz. UNESCO-

Welterbe. Viele schöne Fachwerkhäuser stehen leer und warten auf Familien mit Kindern. Junk holt sie gegen den Willen seiner Partei in die Stadt. Meist aus muslimischen Ländern.

Mein Gegenüber ist mir auch sympathisch. Vom ersten Moment an. Nicht nur schön. Wahrscheinlich auch intelligent. So wie sie aussieht. Ökonomisches liest. Ebenso wahrscheinlich Kind einer Mama, die nicht nur kocht. Die Wohnung in Ordnung hält. Und ihrem Mann zu Willen, wenn ihm danach ist.

Im Islam ist Ungleichbehandlung Pflicht. Von Geschlechtern, Religionen und sozialer Stellung. Heißt, Jesus verdient nicht, dass wir ihn anbeten, sondern Allah. Bauer nicht den Respekt wie der Imam. Frau ist nicht Mann. Also muss Mann sie behandeln nicht wie seinesgleichen. Sondern wie eine Frau. Quasi Verfügungsmasse. Lesen und schreiben nicht erwünscht.

Zu nichts anderem taugt, als Kinder zu gebären. Sie und das Haus zu besorgen. In Firmen zu putzen, die Haushaltskasse aufzubessern. Folge, sie wird immer rundlicher von zu viel Süßzeug. Kann mir gut vorstellen, türkischer Honig muss das Minderwertigkeitsgefühl betäuben, nur eine Frau zu sein.

Aus schlanken Sechzehnjährigen werden im Laufe der Jahre schwerhüftige, vollbusige Matronen. Äußerlich betrachtet. Ihre Männer vergnügen sich dann mit ihrer zweiten schlankeren Frau. Der Koran erlaubt Polygamie. Solche Verhältnisse in der Heimat geschlossen, behalten in Deutschland ihre Gültigkeit. Aber hier mehr als eine Frau zu heiraten ist gesetzlich verboten.

Seltsamerweise scheinen Muslima nicht unglücklich zu sein. Auch wenn eine Nebenfrau im Hause wohnt. Begegne ich einer, kommt mir vor als hätte sie sich mit allem abgefunden. Wagt kaum, den Blick zu öffnen für die Welt um sie herum. Fürchtet sie Ablehnung? Erträgt das Leben, wie es ist. Seit Generationen daheim. In der Fremde nicht anders. Auch wenn glitzernde Schaufenster eine andere Welt zur Schau stellen. In Freiburg sehe ich sie eilen. Als fürchteten sie, von ihrem Mann ertappt zu werden beim Schaufensterln. Immer allein oder mit anderen Frauen. Selten mit einem Mann. Hinter ihm. An verarbeiteten Händen volle Tüten, Taschen, denen man nicht ansieht, was sie enthalten. Schulter und Arme versteckt unter dunklem Stoff. Der Koran empfiehlt es so.

Hat meine Schöne auch so eine verschüchterte Mama? Möchte es mir nicht vorstellen. Ganz sicher hat sie einen toleranten, gebildeten Vater. Keinen Straßenarbeiter, der nicht weiter denkt als Geld. Einen, dem seine Frau gleichberechtigte Partnerin ist. Studierter Informatiker. Oder Bauingenieur, Übersetzer vielleicht. Sie könnten aus Istambul kommen. Wo sich seit über zweitausend Jahren Orient und Okzident austauschen. Beide davon profitieren. Auch Töchterchens Outfit könnte dort gekauft sein. Will sie fragen. Aber nicht mit der Tür ins Haus fallen. Betrachte ihr Gesicht noch eine Weile. Hoffe sie merkt es nicht und steigt aus.

Mir scheint, alle jungen Mädchen aus südlichen Ländern sind Madonnen. Solange sie die Sechzehn nicht überschritten haben. Junge Italienerinnen ähnlich anbetungswürdig. Es ist ihre knospende Weiblichkeit. Merkmal der Rasse: Schmalovales Gesicht. Nase, die profiliert. Augenbrauen, die der Stirn den Schwung geben. Den Augen ihre Mitte. Wenn sie einen ansehen, heben wir ab, beginnen zu schweben. Männer fühlen sich so.

Es werden immer mehr. Zur Freude der männlichen Gattung bei den Einheimischen. Zum Glück für junge Muslima. Die jetzt mit offenem Gesicht und freizügigerem Outfit das Leben zu genießen scheinen. Ihre Väter und Brüder müssen Kompromisse machen.

Benutze Worte, die alle kennen. Und deute sie nach meinem Dafürhalten. Höre meine Frau: „Bringer spinnt mal wieder“. Sie kennt mich und toleriert meine Ausflüge auf das Terrain des schönen Geschlechts. Meine Rose heiratete ich, weil sie – neben anderen Qualitäten – mit ihren dreiundvierzig Jahren aussah wie der Frühling von Alessandro Botticelli. Dem berühmten Maler der Renaissance. Die schönen Mädchen unterwegs sind Blätter meiner Rose.

Durchsage dröhnt: Nächster Halt Holzmarkt. Mein Gegenüber schlägt das Buch zu. Schiebt es in ihre Tasche. Sie könnte von McEntire auf der Konviktstraße sein. Ein kurzer Blick aus dem Fenster, als werde sie erwartet. Jetzt aber rasch: „Wissen Sie schon was die Welt kostet?“ Das Dunkel ihrer Augen dunkler, was will denn der? In perfektem Deutsch: „Noch nicht, bin erst auf Seite siebenundzwanzig.“ Steht auf und verschwindet auf Nimmerwiedersehen. Höflich ist sie auch noch. Ihr Bild in meinem Kopf verflüchtigt sich mit der Zeit. Und mit ihm das Rätsel hinter der schönen Fassade. Schade. Hätte es gerne gelöst.

Palazzo Ducale in Mantua

Eine Fassade, was für ein Gesicht. Schräg gegenüber der weißmarmorglatt leuchtenden Renaisssance-Fassade des Doms notwendiger Kontrast. Da geöffnet. Wir wissen, wer dort wohnt und wie er eingerichtet ist. Hier verschlossen. Wir wissen noch nichts. Eine fast sechzig Meter lange Ziegelmauer. Rostrotgrau. Geschätzt fünfzehn Meter hoch. Kein Turm, einziger schmückender Zierrat rotweiße Steine in den Bögen. Quasi wie eine Wand an die Straße gestellt. Abzuschirmen vor fremden Blicken, was sich dahinter abspielt.

Oder hatten sie Angst überfallen zu werden? In den Städtekriegen damals keine Seltenheit. Das rostrotgrau gebackene Mauerwerk lässt uns nicht tiefer blicken. Wissen mittlerweile, ehemals Residenz von Fürstenfamilien, die ausstarben wie alle Geschlechter. Heute Museum. Betrachten und nachdenken erlaubt gegen Geld.

Die Mauer stützt sich auf zwölf schlank gerundete Säulen. Die eine schmale Galerie mit gotischen Spitzbögen öffnen. Heute ist Markttag, die Stände mit ihren Schirmen verdecken alles bis auf das obere Mauerwerk. Wir sind zu früh. Der Portinaio noch beim Essen. Stellen uns unter die Arkade. Es regnet. Hört wieder auf.

Wir treten heraus auf die Piazza Sordello. Finden eine Lücke zwischen den Ständen. Sehen auf das buckelige Pflaster. In Millionen Jahren vom Wasser des Minzio rund geschliffene Kieselsteine. Gehen ein paar Schritte, Abstand zu gewinnen. Über grünem Schirm eines Standes erblickt uns die Mauer. Rostrotgrau. Uneindringbare Festung. Wie mag es dahinter aussehen? Gesamteindruck Ziegel. Nichts als rostrotgraue Ziegel. Zusammengebackene Langeweile. Irgendwo Fensterchen. So hoch, dass man nur mit der Leiter hinlangt. Von unserem Standpunkt aus gesehen klein wie Mauselöcher. Locker gereiht die rundbogigen Öffnungen. Reingucken unmöglich.

Zwei von ihnen zur Tür vergrößert in der Höhe. Mit schmalem Balkon davor. Und Dach. Damit der Mann mit der Posaune nicht nass wird im Regen. Oben, ganz oben unter der Dachkante sechs größere Fenster. Damit Licht haben, die sich dahinter vergnügen. Gelegentlich einen Blick auf die Piazza werfen, ob sie beruhigt weiter machen können. Was auch immer. Vielleicht werden wir drinnen ein paar Anhaltspunkte finden für meine Vermutungen.

Ich habe eine Schwäche für kompakte Gebäude mit schlichten Grundformen. Die wie ein einziger Stein wirken. Pyramide. Tetraeder. Würfel. Mit sparsamen Öffnungen und plastischen Profilen. Die Schatten werfen an den richtigen Stellen. Ägyptens Tempel an den Ufern des Nil im Kopf. Sehe Sonnenlicht schräg von rechts auf der Fassade. Zwei Parallelogramme unter den zwei Balkonen. Schwarze Schatten auf rostrotgrau.

Domus Magna. Großes Haus. Das Gesicht des Palazzo Ducale. Die schlichte Fassade aus gebrannten Ziegelsteinen täuscht Bescheidenheit vor. Jedoch verbirgt sich dahinter eine der bedeutenden Kunstsammlungen Italiens. Schatztruhe müsste man sagen. In allen vierhundertfünfzig bewohnbaren Räumen heute noch zu bestaunen. Vorausgesetzt, wir schaffen es, steile Treppen zu klettern. Gebückt durch niedrige Durchgänge von Haus zu Haus zu laufen. Rauf, runter, Ecke herum. Und wieder rauf. Wir verzichten und konzentrieren uns auf die Bel-Etage.

Was wir von vorne für ein Haus hielten, sind mehrere. Im Laufe von vier Jahrhunderten dazu gebaut. Jeweils im Stil der Zeit eingerichtet. Streng gotisch bis zum barocken Überschwang. Auf vierunddreißigtausend Quadratmetern verschieden große und hohe nebeneinander, hintereinander platzierte Ziegelsteingehäuse. Für Neulinge irreführendes Labyrinth. Aber so geschickt angelegt, dass Innenhöfe, Loggien, Galerien Platz fanden. Verbunden durch Korridore, Flure, Brükken. Gärten sich ausbreiten konnten. Das große Haus der Gonzaga.

Hauptsitz des norditalienischen Adelsgeschlechtes. Es residierte dort ungewöhnlich lange und meist auch erfolgreich. Von 1362 bis 1707. Von einfachen Landgrafen über Markgrafen zu Herzögen aufgestiegen. In der Gunst deutschrömischer Kaiser. Gipfel ihrer Karriere unter Karl V. Die Gonzaga eine der bedeutendsten Fürstendynastien Italiens. In der Renaissance vorneweg bei der Förderung von Kunst und Künstlern. Herzogin Isabella d´Este eine großzügige Mäzenin. Machte sich einen Namen. Wir sind gespannt.

Auch hier war es eine Frau, die die Initiative ergriff. Kaufte Kunstwerke, von wo und von wem auch immer. Geld genug. Beauftragte Raffael, Andrea Mantegna, Leonardo da Vinci, Correggio. Vielbeschäftigte Künstler der Hochrenaissance. Auch Architekten und Komponisten. Isabella hochintelligent, las viel, sprach fließend Latein. Vorteilhaft bei Gesprächen mit Bischöfen und Gelehrten. Man schilderte sie als ausgesprochen schön. Neigte aber wie ihre Mutter im Alter zur Korpulenz. Tizian portraitierte die Zweiundsechzigjährige. Das Gemälde zeigt eine Dreißigjährige. Pinselschmeicheleien.

Wir gehen hinein. Die Eingangstür nicht größer als das Schlupfloch für Bedienstete in Venedigs Palästen. Ticket 15 Euro. Eine Marmortreppe aufwärts ins Piano Nobile. Bevorzugte Ebene auf der ersten Etage. Unsere Neugier wächst. Wird stärker, gespannt wie ein Flitzebogen. Wie immer bevor wir zum ersten Mal sehen, was wir wollen. Nicht zu bändigen Lust auf Schönes, Neues, Anderes. Was steckt hinter dem undurchschaubaren Gesicht dieses Palazzo? Nur der nackte Hintern eines Pferdes in der Camera degli Sposi?

Als erstes also hinein ins Hochzeitszimmer. Das mit dem nackten Pferdehintern. Der sich zum Betrachter wendet. Angewidert oder rücksichtsvoll, wenn Brautleute sich liebten im hohen Himmelbett? Man weiß es nicht. Pferde haben´s nicht aufgeschrieben.

Andrea Mantegna malte die gotische Spitzbogenarchitektur des Raumes vollständig aus. Wände und Decke mit realistischen Szenen. So wie sie sich damals abspielten. Das Hauptmotiv: Aufbruch zur Jagd. Pferde mit schönen Knaben warten auf ihre Herrschaften. Hunde umschleichen Männerbeine in Stiefeln. Gehilfen mit allerlei Gerät im Hintergrund. Erkennen ein Jagdhorn am Schulterband. Ihre Hoheiten nähern sich von links. Reden miteinander. Über was wohl? Die Pferde gesattelt. Ohne Schabrake – lästig beim Jagen.

Im milden Licht eines frühen Morgens leuchtet die Landschaft. Wiesen, Büsche, Wald, Bussard in den Wolken. Auf einem Berg eine Stadt. An seinem Hang Zypressen. Ein Tempelchen erhebt sich aus dem Tal. Klein und weiß. Die Perspektive perfekt.

Mantegna wirklich ein Perfektionist in Sachen Perspektive. Raffaelschüler diskriminierten seine Kunstfertigkeit. Alles sei zu eng. Unübersichtlich. Wir finden es genial. Alles geschieht im Raum. Zum Greifen nahe. Gut erkennbar in der Mitte. In der Ferne nur noch augenkneifend zu identifizieren. Wie im richtigen Leben.

Alois ein Freund ist ehrgeizig. Kennt das Hochzeitszimmer Mantegnas von einem früheren Besuch. Der Pferdehintern faszinierte ihn. Der ungewöhnlichen Perspektive wegen. Ob ich das auch so hinkriege? Skizzierte peinlich genau Mann und Pferd auf ein Blatt. Wir nahmen die Skizze mit auf die Reise. Um die Probe aufs Exempel zu machen. Glückwunsch Alois.

Aufbruch zur Jagd zeigt mehrere Pferde. Nie von der Seite. Immer von schräg vorne, nur eines von hinten. Wie beschrieben. Dass ein Pferdehintern solche Auswirkungen hat, konnten wir uns nicht vorstellen. Wenn auch Roses Ariano, ein feuriger Rappe, ähnlich aussah. Von hinten gesehen. Besaß aber nicht diese einmalige Noblesse. Vielleicht ist es der Kontrast zu anderen Pferden, deren dunkle Knopfaugen uns ansehen. Das uns ungewohnte Umfeld. Unsere Moral? Hintern haben das gewisse Etwas. Schon was Rätselhaftes. Finden Sie nicht auch?

Mantegnas Fresken betrachten wir lange. Jedes Detail. Jede perspektivische Verjüngung, Vergrößerung. Die Mode, den Baustil. Welche Bäume sind es? Ulmen oder Buchen? Bilden uns ein, Hundegebell zu hören, Jagdhörner. Spannendes Vergnügen im sparsam erhellten Raum. Sie wollen nicht an Strom sparen. Die Farben könnten im grellen Licht verblassen. In allen alten Kunsttempeln Italiens die gleiche Vorschrift. Mehr als zehn Personen zur selben Zeit auch nicht. Menschliche Ausdünstungen schaden den Fresken. Mein Foto wahrscheinlich unterbelichtet. Auf in die anderen Räume.

Alle haben Namen. Wie klingende Versprechen: Appartamento Verde. Privatwohnung der Herzöge am Ehrenhof. Sala dei Falconi. Saletta dei Mori. Salone degli Arcieri. Sala del Labirinto. Sala di Amore e Psiche. Saletta di quattro Elementi. Appartamento Estivale. Camera dei Cavalli. Spricht man diese Namen laut aus, klingen sie wie Musik. Entstehen Bilder im Kopf. Phantasmagorien.

Ich lasse es jetzt genug sein. Namen sind Schall und Rauch. Sehen und erleben muss man alles. Unser Gesamteindruck: Sinnliches Vergnügen aus edlem Holz, Weiß, Gold und Colore. Geschnitzt, stuckiert, gemalt. Antike außer Rand und Band. Typisch für den Übergang von der Hochrenaissance zum Barock in Italien.

Alle Räume ausgemalt bis in den letzten Quadratzentimeter. Plastisch, was plastisch sein kann. Jeder Raum hat ein anderes Leitmotiv. Aus antiken Götter- und Heldensagen. Erinnere: Renaissance heißt Wiedergeburt – der Antike. Beispiel Camera degli Amore di Giove. In den Lünetten, Umrahmungen, Gott Jupiter und seine Geliebten. Schöne Frauen rundum an allen vier Wänden. In der Sala dei Peschi Muscheln, Krebse, Fische gemalt, als könnte man sie fangen. Orpheus und Eurydike, das tragische Liebespaar, fehlen nicht. Auch nicht das ein oder andere Motiv aus dem Alten Testament. Alles antik.

Große Portale mit stuckierten Giebeln die Durchgänge zum Nachbarraum. Beide Türflügel offen bis zum Anschlag. Das dickgeflochtene weinrote Seil mit Messingöse heruntergelassen. Wir sehen das mas-sive Türblatt. Doppelt so dick wie unsere Türen. Lebendig geschnitzt ihre Kassetten im glatten Rahmen rundum. Ornamente, die Schlingpflanzen ähneln. Oder Akanthusblättern. Die wir von Kapitellen korinthischer Säulen kennen. Hie und da vergoldet oder geweißt.

Im Nebenraum Tafeln mit bemalten Stuckszenen auf dunklem Grund. Kommen uns vor wie Kameen. Broschen mit geschnitzten Motiven aus Elfenbein. Frauen trugen den Schmuck bis ins späte neunzehnte Jahrhundert.

Die Camera di Pisanello prunkt mit Tournier-Szenen. Ein Blick zur Decke, schon kommt uns vor, die vier Pferde der Quadriga haben soeben gewendet. So raffiniert gemalt. In der Kurve perspektivisch verkürzt. In der Galeria-Nuova Altäre. Frommes fehlt also nicht. Das Altarbild von Peter Paul Rubens demonstriert es auf Niederländisch. Schlanke Renaissance zu üppigem Barock mutiert.

Das Appartamento Estivale beliebter Sommeraufenthalt. Ein Appartement ist klein, denkt man. Hier hat es sechs Räume. Früher Galerie. Wir schauen hinunter in einen Innenhof. Garten mit Göttinnen aus Stein. Pyramiden und Kugeln aus sattgrünem Buchsbaum, Wasserbecken, Springbrunnen. Ein einziger aus der Symmetrie ausbrechender Pfad zu einer Rosenlaube. Dahinter schützt zyklopisches Mauerwerk eines Gebäudes vor kaltem Nordwest. Rustika genannt. Auch typisch für die Renaissance. In Florenz sieht man Rustika überall.

Hier im Gegenüber Ausstellungsräume. Zu Isabellas Zeiten wurden die neuesten Gemälde und Bildhauerwerke gezeigt. Vernissagen und Finissagen gefeiert. Mit Musik, Prosecco, Likör und Häppchen. Nicht anders als heute.

Sind wir jetzt im Heute angekommen? Wirklich alles gesehen? Alles hinter der abweisenden Mauer in rostrot und grau? Zweidrittel haben wir geschlabbert. Vielleicht ein andermal. Historikerwissen nicht unser Ding. Details in den Biografien von Menschen und Mauern schon eher. Aber was Menschen bewegte, dies alles zu planen und zu realisieren, fehlt in den Büchern. Einfühlen in den Geist der Zeit ist gefragt. Helfen kann vielleicht, wenn wir noch ein wenig die prickelnde Luft Mantuas atmen. Der schönsten mittelalterlichen Stadt Italiens.

Umflossen vom Minzio, der so freundlich war, sich an drei verschiedenen Stellen zu stauen. Sodass drei silbern schimmernde Seen entstanden. Wie eine Kette umgehängt um den Hals einer in Schönheit gealterten Frau. In Kriegszeiten natürlicher Schutz. Napoleon musste sie lange belagern, bis sie fiel. Gewann und verlor sie erneut. Zornig ließ er Andreas Hofer erschießen. Er plante den Aufstand gegen Frankreich.

„Zu Mantua in Banden Andreas Hofer fiel" Nationalhymne Südtirols. Ich lernte sie noch in der Sexta.

Die alte Stadt ist gotisch geprägt. Im Rostrotgrau gebrannter Steine. Meist kantige Bauten, Türme. Viele mit Zinnen an den Dachkanten. Demonstrieren, ich bin bereit mich zu verteidigen. Kuppeln von Dom, Kirchen, Kathedralen überragen alles Rostrotgraue. Weiße Marmorsignale über dem Dunkel der Dächer. Gewaltige Fassaden haben den Abstand, den sie brauchten, um Gläubige und Ungläubige maximal zu beeindrukken. Ihre Glocken läuten gewaltig.

Schmale Gassen, in denen der Alltag abläuft. Piazze mit Ständen überquellend von Gemüsen, Obst und Blumen. Fleisch, Würsten, Geflügel, Meeresfrüchten und laut schwatzenden Frauen. Einkaufen in kleinen Fachgeschäften. Alta Moda ist da. Alles, was Frauen schöner macht. Cafés, in denen Männer rauchen, trinken und Zeitung lesen. Unter Arkaden junges Volk. Da eine Brücke. Wasser mit Seeroseninseln. Weiden. Idyllisch. Wieder ein Café. Auf einer Terrasse am Ufer. Trattorien all überall.

Lärm und Geruch typisch Italienisch. Sprache klingt wie Rosmarin, Basilikum und Thymian in D-dur. Wir lieben solche kleinen Städte. Immerfort sich wieder verjüngende alte Zeit. Unsere Stimmung gelöst und immer noch unternehmungslustig. Kunst genug genossen. Jetzt muss Essbares her. Vom Besten.

Da taucht nahe dem Markt in einer ruhigen Seitengasse ein Schild auf: ‚Aquila Nigra' Ristorante. Schwarzer Adler klingt gut. Wir kennen eines mit gleichem Namen. Franz Keller der Besitzer. Am Kaiserstuhl, Baden. Gute Adresse. Jetzt wird´s mantuanisch. Backsteinfassade. Drinnen weißblond mit Balkendecke.

Im hellen Vorraum begrüßt uns der Oberkellner. Nimmt uns den Schirm ab, stellt ihn in eine Bodenvase. Hinter einem Tisch il Patrone. Blättert im Gästebuch. Schaut auf. Sieht uns an, noch ernst: „Avete reservato?" Natürlich nicht. „Uno momento Signore, Signora, uno momento!" Steht auf. Keine Minute und schon zurück. Lächelt: „Una bella tavola e reservato per ley. Buon appetito." Schöner Tisch für Sie reserviert.

Was essen wir? An einer weißen Wand hängen drei Batiken. Die einzigen Farben im Raum. Augen zu erfreuen, das Essen leckerer schmecken lassen. Denke an Sonja Delaunays Rotblauschwarzgrün über unserem Esstisch zuhause. Sonst ist alles hell und klar. Zurückhaltend. Um das, was auf den Tisch kommt, umso farbiger duften zu lassen. Zum Wohle der Gäste. Wir hören es von den drei bereits belegten Tischen. So noch nie gesehen. Nie erlebt. Also Augen auf. Zunge gespitzt. Lasse meine Augen herumwandern im Raum. Ohne den Kopf allzu heftig zu bewegen. Dezent ist angesagt in dieser heiligen Halle.

Der Boden ein Schachbrett aus Schwarz und Weiß. Marmor, was sonst? Runde Tische mit weißen Decken, die bis zum Boden reichen. Sets für zwei. Platz genug. Im großen Kübel eine Palme. Licht schimmert hell genug aus milchigen Halbkugeln an den Wänden. Zwischen bodenlangen, eierschalenfarbenen Vorhängen neben den Fenstern. Kerzen auf den Tischen. Zurückhaltung die gut tut.

An den drei Tischen klingt Metall an Porzellan. Wir nehmen Platz, im Rücken das Grün der Palme. Sprechen halblaut wie die Gäste. Hören ab und zu ein Lachen. Als Rose ihren Zeigefinger in den Sugo dippt, flüstere ich ihr ins Ohr: „Pass´ auf, dass Du kein Fett ansetzt wie Isabella." Lache. Rose lacht und leckt den Finger sauber: „Molto buono". Keine Musik. Wie schön. Mantua hat einen Michelinstern mit seltenen Qualitäten.

Ja, was essen wir? Mache es kurz. Antipasto: gegrillter Flusskrebs, Gamberi d´acqua dolce. Zwischengericht: Ravioli gefüllt mit Spinat in Sahnekäsesoße. Hauptgang: Brust vom Perlhuhn mit Gänsestopfleber und Salat. Dessert: Gelato semifreddo. Schluckeln trokkenen Curtefranca aus Valdobbiadene. Acqua Minerale senza gas e Café solo. Ein Fest für die Götter. Wieder in der Antike.

Antik ist alles in Mantua. Gleichzeitig aufgepeppt für das Leben von heute. Wo ist das Rätsel? Hinter allen Fassaden. Den rostrotgrauen, den marmorglatten. Den Fassaden aus Fleisch und Blut. Hinter jungen blanken Stirnen und abgearbeiteten alten hinter vorgehaltenen

Händen. Ganz sicher finstern hinter den Fassaden Unglück und menschliches Versagen. Damals und heute. Warum sollen Mantuaner anders sein als Düsseldorfer oder Freiburger?

Im Palazzo verstecken sich Intrigen, Eifersucht und Meucheleien hinter vordergründigem Prunk. Täuschen mit Gold und Silber Glanz und Glück vor. Essen, trinken, prunken, Siege und Hochzeiten feiern kann doch nicht alles gewesen sein. Der Marmorboden dunkelrot wie geronnenes Blut.

P.S. Mathilde von Tuszien, auch Besitzerin von Mantua um 1100. Ließ dort eine Rundkirche errichten. Auf Grundmauern eines antiken Tempels. Wunderschön schlicht die Architektur. In ihrer Burg Canossa vermittelte sie den Deal zwischen Papst Gregor VII. und Kaiser Heinrich IV. Dessen Lossprechung vom Kirchenbann ihr Verdienst. Alles klar?

Mona Lisa

Sie mag die einzige Frau in der Kunstgeschichte sein, über die immer noch gerätselt wird. Leonardo da Vinci, das Universalgenie hätte sich amüsiert über so viel Engagement für ein Stück bemaltem Pappelholz. Frankreichs König François I. rief ihn an seinen Hof in Amboise. Luftfahrzeuge und Kanonen zu entwerfen. Dort starb er. Lebt weiter in weiner Büste aus verwittertem Kalkstein neben dem Schloss. Ignoriert alle Fragen, Spekulationen. Weiß, die Schöne ist die Ehefrau des Francisco del Gioconda. Kennt ihre Familie, ihre Art zu sprechen und zu lächeln. Malte sie so wie er sie sah.

Lächelt sie? Oder lächelt sie nicht? Warum lächelt sie wohl? Hat sie ein Geheimnis? Welches? Heerscharen von Analysten, Diagnostikern, Kunstinterpreten, Fantasten füllen mit ihren Theorien Bibliotheken. Fasziniert von dem, was sie hinter der Fassade des schönen Gesichts vermuteten. Schriftsteller fantasierten das Blaue vom Himmel, ihren Eindruck zu schildern. Bis Borkowski 1992 die Theorie aufstellte, ihr haben die Schneidezähne gefehlt. Ein anderer, Fazialis habe ihre Mimik gelähmt. Beides Ursache für den Eindruck, sie lächelt.

Am besten, sie fahren nach Amboise, fragen ihn selbst. Universalgenies wissen alles. Möglich, es gibt kein Rätsel.

1452 - 1519

Basset Bonny

Hundegesichter haben eines gemeinsam: Ihren Blick. So unterschiedlich Kopfform, Haarfarbe, Stirn, Lefzen und Ohren auch sind. Immer suchen ihre Augen deine Augen. Nichts anderes. So lange, bis du sie anschaust. Mit ihnen redest. Hinein interpretierst, was du selber gerne wärst: lieb, anhänglich, treu. Kampfbereit, wenn´s um die Wurst geht. Hundehalter haben einen Tick, sagen Leute, die keinen haben. Sie reden unentwegt mit ihnen, obwohl sie nie Antwort bekommen. Schwanzwedeln ist ihre Sprache. Wenn diese Leute wüssten.

Der Basset ist eine englische Züchtung. Wer immer solche schwergewichtigen Renner liebte, wir wissen es nicht. Man sagt, Franzosen hätten ihn aus der alten Rasse ‚Basset d´Artois' weiter gezüchtet. Engländer übernahmen 1874 die Züchtung und entwickelten sie zu denen, die sie jetzt sind. Ab 1957 auch in Deutschland heimisch. Unsere Züchterin hat Weibchen und Welpen in ihrem Zwinger. Rose lernte sie kennen, als wir uns noch nicht kannten. Wollte gleich ausgewachsene, die sie auch mal allein lassen konnte.

Erzählte, gleich wollte sie zwei Hunde. Bassets sind nicht gerne allein. „Brauchen ihresgleichen zum Spielen". Die Züchterin weiß das. „Ich bin tagsüber die

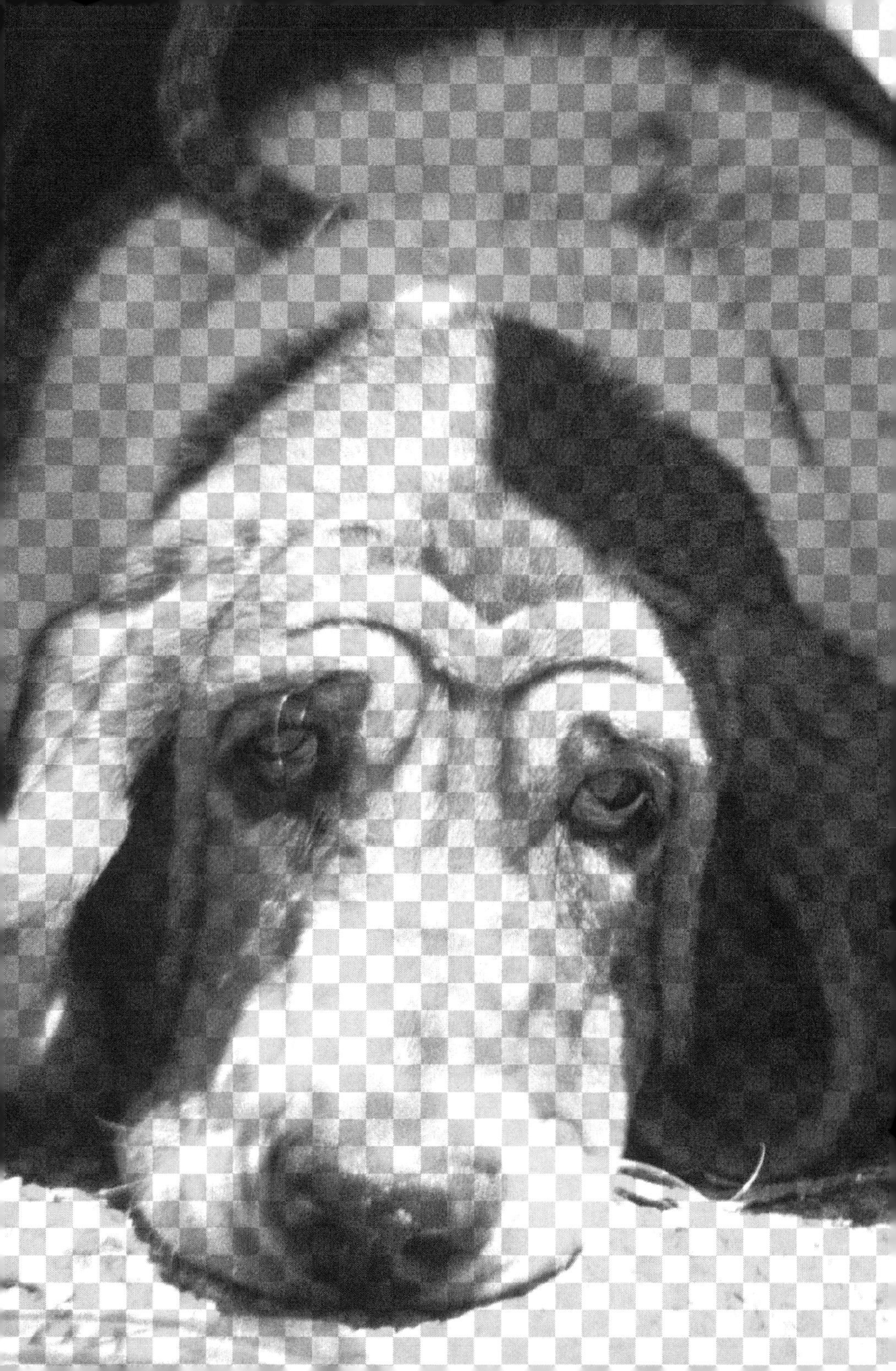

ganze Woche beschäftigt". Zückte ihr Scheckbuch und riss die Autotür auf. „Hinein mit euch." Hopps, hopps schon auf der gepolsterten Rückbank. Von da an ihr Platz auf Touren und Spazierfahrten. Da kam ich und bin es noch. Erlebe zum ersten Mal ein Hundeleben.

Sehe sie vor dem Wagen, höre sie jaulen, lange bevor Rose aus dem Haus kommt und die Türen öffnet. Müssen wir Geschäftliches erledigen, bleiben die beiden allein im Haus. Nie etwas passiert. Die chinesische Bodenvase blieb stehen. Die Wurst am Haken. Der Fußboden trocken. Kaum vor dem Gartentor, hören wir sie bellen. Kaum die Türen geöffnet, da rasen sie los. Umkreisen Rose und ab auf die große Wiese. Gänse jagen hinter Weißdornhecken.

Sind vor sechs nicht wieder zurück. Als hätten sie die Uhr in der Nase. Viertelnachsechs gibt´s selbstgemachtes Ragout. Aus Pansen und allerlei sonstigen Innereien vom Fleischermeister in Kalkar. Zu Festtagen Rinderleber. Was Bassets mögen weiß der Mann. Chappi in der Dose kommt uns nicht ins Haus.

Unser Haus wie eine Kommune. Rose und ich seit kurzem ein Paar. Sie nennt mich Chou-Chou. Wie Franzosen die Lieblinge in ihren Familien. Wir beide noch frisch verliebt. Die zwei Bassets wie ein altes Ehepaar. Esther, ein eigensinniges Frauenzimmer. Will nicht, wenn Rose will. Oft schaltet sie auf stur. Aber lieb sieht sie aus dabei.

Bonny, der Mann, sanftmütig und immer gut gelaunt. Streiten sich, versöhnen sich. Laufen umeinander her, knurren, fletschen die Zähne. Ihre langen Ohren fliegen nur so. Bellen kurz, tun, als wollten sie zubeißen. Schnappen aber nur pro forma. Es sieht aus, als wollten sie den anderen oder die andere ärgern. Wie Bruder und Schwester, die sie ja sind. Rose hat Bonny sterilisieren lassen. Hunde missachten das Inzestverbot.

Ein andermal beschnüffeln sie sich gegenseitig von allen Seiten. Sie steht wie festgenagelt. Er rennt um sie herum. Leckt mit seiner Zunge ihre lange Nase. Die dafür wie geschaffen scheint. Dann das Ganze umgekehrt. Scheinen bei dem Spielchen Spaß zu haben. Genug getollt und gespielt legen sie sich auf den Läufer neben Roses Sessel. Der Steinboden des Wohnraums ist kalt. Unsere Türen sind immer offen. Legen die Köpfe auf die Vorderpfoten. Die Augen hellwach. Es könnte ihnen ja was entgehen. Etwas, das gut schmeckt.

Wenn ich sie so liegen sehe, die Augen auf mich gerichtet, spüre ich ein neues Gefühl. Sympathie für einen Hund? Ein bisher fremdes. In meinem Elternhaus waren Tiere verboten. Freunde hatten Meerschweinchen oder Hamster. Ich litt mehr, keine Tiere zu haben als keine Spielzeugeisenbahn. Jetzt habe ich gleich zwei von den Viechern. Und das genieße ich. Mit allen Sinnen. An den Geruch gewöhne ich mich auch. Nicht zu vermeiden, weil ich ständig Kontakt habe. Zu den Hunden und dem, was sie beschnüffeln. Auch meine

Hosenbeine. Als röchen sie den Schweiß eines andern Vierbeiners. Kann ja sein. Ich ertrag´s.

Vergesse alles, wenn sie mich anschauen. Aus runden Knopfaugen unter zweimal gefalteten Brauen. Es ist als schaut mich ein Mensch an. Bitte, bitte und ich kann nicht nein sagen. Im Schrank hängt seitdem immer ein Wurstring. Aus bestem Fleisch vom Metzger aus Kalkar. Roses Einkaufsparadies.

Markt vor dem gotischen Rathaus zweimal in der Woche. Die Käsefrau um die Ecke. Mit holländischem Maikäse. In der nächsten Gasse besagter Fleischer. Bäkker nebenan. Blumenfrau gegenüber. Am Kirmestag Karrussel und Scooterbahn auf dem Rathausplatz. Wir sausen herum, herum. Mit den johlenden Kindern um die Wette. Und sind glücklich wie lange nicht. Die kleine Stadt ist wunderbar. Mein Düsseldorf weit, weit weg.

Der Rhein nah. Keinen halben Kilometer. Wir spazieren gerne mit den Bassets über den Deich. An Weidenzäunen entlang unter Pappeln. Rauschen, weil immer Wind weht. Das Blätterkonzert nimmt kein Ende sommertags. Der Strom strömt, jede Sekunde ein anderer. Wir sitzen im Sand und lassen die Zeit vergehen. Esther und Bonny nehmen ein Sonnenbad. Und denken ans Abendessen. Wahrscheinlich. Dann stirbt Esther.

Vermutlich Krebs. Unheilbar. Der Tierarzt befördert sie mit einer Spritze in den Hundehimmel. Rose untröstlich. Die liebe Esther erst sechs Jahre alt und schon tot. Ihren Eigensinn vergisst sie. Ich schaufele ein Grab in der Wiese am Haus. Rose pflanzt eine Hortensie.

Nun ist Bonny allein. Scheint sich damit abgefunden zu haben, allein zu sein. Döst einige Wochen herum. Liegt häufiger als früher auf dem Steinboden im Wohnraum. Macht Augen wie Bittebitte. Bellt nicht mehr. Schweigt mich an. Ob er mich meint?

Eines Morgens wache ich auf. Im Bett neben mir nichts zu sehen. Kissen hoch geworfen zum Berg. Rose schon aufgestanden? Im Bad? Recke mich. Was sehe ich? Bonny neben mir hinter dem Kissen. Alle Viere von sich gestreckt. Schnarcht wie ein Mensch. „Bonny!" „Bonny!" Klappt die Lider auf und guckt mich an, als wäre ich sein Feind. Denke ich jedenfalls. Ob Hunde denken? Weiß nicht. Sie sind intelligent, das weiß ich. Reagieren aufs Wort. Bleiben sitzen oder stehen, vom Ton des Befehls gesteuert. Spüren was kommt. Auch unser Bonny ist intelligent. Wenn er mich anblickt, blickt er mich an.

Eines Spätabends, wir wollen schlafen gehen, kommt Bonny ans Bett, jault. Rose denkt, er muss mal. Nimmt ihn auf den Arm und steigt mit ihm die steile Treppe hinunter zur Tür. Lässt ihn laufen. Weg ist er. Spurlos verschwunden. Rose ruft ihn. Ich eile zu ihr. Wir rufen: „Bonny", schreien „Bonny!" Hören entferntes Bellen. Sein Jagdinstinkt muss ein Kaninchen gewittert haben.

Wir über die Straße. Hinein in den Mais. So wie wir sind in Nachthemd und Slip. „Bonny!“ „Bonny!“ Nach einer Viertelstunde entdecken wir ihn zwischen verbogenen Maisstangen. Hockt auf seinem Hintern, Kopf auf den Vorderpfoten. Und sieht uns an. Der volle Mond über uns lächelt. Wer könnte dann schimpfen. Unsere Arme und Beine verkratzt von scharfkantigen Maisblättern.

Nicht lange und Bonny hinkt. Schleppt sich mühsam vorwärts. Der flotte Sprinter ein lahmer Opa. Der Tierarzt stellt auch bei ihm Krebs fest. Rose lässt ihn einschläfern. Ich hob wie bei Esther das Grab aus in der Wiese vor der Kate. Wir legen ihn hinein. Vergessen zu beten. Rose heult den ganzen Tag. „Ach mein armer lieber Bonny. Schön war die Zeit mit dir“. Ich zünde in St. Nikolaus eine Kerze an. Wer weiß?

Vielleicht gibt es wirklich einen Hundehimmel. Und einen Hundegott. Vorsicht ist die Mutter der Porzellankiste. Bete ein Vaterunser. Man weiß ja nie. Mein Gott wird es seinem Kollegen weitersagen.

Eines aber ist wirklich so wie es ist. Hundegesichter hypnothisieren. Schauen sie einen an, sind wir hin und weg. Können nichts abchlagen. Spendieren ihnen großzügig unser Frühstücksei. Verzeihen Befehlsverweigerung. Erinnere Rose rief „Nicht Bonny, ab!“ Als er ihr vom Backblech auf den Boden gerutschtes Filet für sich kassieren wollte. Nicht auf dem Tisch, also zur freien Verfügung, dachte er sicher. Diesmal auf dem Holzweg.

Freiwillig gaben wir ihm von dem, was uns gut schmeckte. Hund war unser Tischgenosse. Eine Etage tiefer sein Fressnapf. Er selber aber hoch oben in unserer Gunst. Sein Gesicht wie ein zugeklapptes Buch. Nichts darin, was uns den Schlaf rauben könnte. Oder doch? Haben Hunde eine Seele?

Landschaften

Man kann ein Gesicht wie eine Landschaft sehen. Eine Landschaft wie ein Gesicht. Es beschreiben wie man das Gesicht eines Menschen beschreibt. Zuerst die große Form. Dann die Details. Tal, Hügelkette, Hochgebirge, Meeresstrand. Baum, Strauch, Hütte, Fischerboot. Spontan fällt mir der Niederrhein ein. Mit seinen Pappelreihen, Zäunen und Weiden. Auf denen schwarzweiße Kühe grasen. Über allem segeln weiße Wolkenschiffe mit grauen Schatten am Bug. Das einzig Hohe in dieser flachen Landschaft.

Da und dort ragt das Gebäude eines Bauern auf. Zweigeschossig aus roten Ziegelsteinen errichtet wie eine Burg. Ummauerte Bucht an der Nordseite. In der Schweine Freilaufen genießen, zufrieden grunzen. Überall anders frische Rheinluft. Wildgänse im Winter. Die von hier sind, haben das Gesicht ihrer Heimat vor Augen. Bilder, Gerüche, Töne. Ihr Leben lang. Warum weint es in ihnen vor Heimweh, wenn sie nicht dort sind? Es fehlt ihnen die Weite. Das Rätsel dahinter nicht.

Wer im Odenwald Urlaub macht, liebt die endlosen Eichenwälder, Buchenwälder, Rehe und Dachse im Auf und Ab bewaldeter Berge. Hagen von Tronje soll Siegfried hier erschlagen haben. Die Quelle, an der dies geschah, verführte einen Sagengläubigen dazu dort ein Hotel zu bauen. Nennt sich stolz ‚Siegfriedsbrunnen'. Wir urlaubten einmal dort. Fast wie erwartet lauter Germanen rund um den Brunnen versammelt. In lodengrünen Freizeituniformen. So als gehörten sie zum selben Stamm. Säßen im Thing. Und müssten abstimmen, wer der Häuptling wird.

Haben wir etwas falsch interpretiert? Uniformen mögen wir nicht. Flüchteten weiter in Richtung Süden nach Amorbach. Immer noch Odenwald, aber bayrischer. Sanfter, weniger dicht bewaldet. Mit hübschen Dörfern, barocken Kirchlein. Einem romantischen Hotel und einer weltberühmten Orgel. Ihre 5116 Pfeifen wollten wir hören. Das Konzert fand leider schon gestern statt. Die Orgel blieb ihren Erbauern, den Gebrüdern Stumm zuliebe stumm. Hätten wir doch den Siegfriedsbrunnen geschlabbert. Hinter seinen Mauern kein Rätsel, das sich zu lösen lohnt.

Die Toskana scheint ein ähnliches Gesicht zu haben. Bergauf, bergab und Grün. So viele verschiedene Grüntöne sahen wir selten. Vielleicht liegt´s am Licht. Helles Wiesengrün changiert. Laubgrüner Wald changiert. Dunkelgrünschwarze Zypressen marschieren wie Soldaten einen sandigen Weg hügelan. Bis sie hoch oben neben dem hellockerfarbenem Winzerhaus angelangt stramm stehen. Gott weiß wie lange schon.

Hin und wieder ein Bach. An seinen steinigen Ufern Schilfgrün. Mit gelben Blüten. Noch grüne Getreidehalme auf weiten Flächen reifen. Wein ist weiter. Grün die Blätter und schon groß. Die kleinen Beeren wachsen, werden zügig dunkelblau, wenn die Sonne weiter so scheint. Und sie scheint so hell im Sommer, dass alles Aufragende scharfe Schatten wirft. Bauernhaus. Strommast und da, wo sich die Wege kreuzen ein steinernes Kreuz. Der Winzer auf dem Traktor. Die Leiter an einer Wand. Roter als rot leuchtet der Mohn. Wiesenweit. Komplementärfarbe zu all dem Grün. Das Gesicht der Toskana. Besiedelt, verlassen. Von Touristen überfallen. Gesegnet, besungen, durchwandert, verflucht.

Hügelauf und hügelab Wein, Weizen, Dörfer, Bauernhäuser. Ein verlassenes Gehöft mit Kapelle, das im Internet einen Käufer sucht. Dann und wann eine Silhouette am Horizont. Immer wieder erwartet und doch überraschend. Die Stadt. Wie in Kupfer gestochen von Mathäus Merian. Präzise konturiert gegen den Himmel. Für Italienliebhaber erkennbar an Cupola und Campanile. Vergangenheit und doch lebendiges Hier und Heute. Viel besuchte Höhepunkte abendländischer Baukunst. Toskanischer Küche.

Das Bistecca Fiorentina ein Hochgenuss. Kochkunst Arm in Arm mit den Offenbarungen jahrhundertealter Kultur. Castellina. San Gimignano, Arezzo. Pistoia. Lucca. Siena. Florenz.

Ich könnte viele nennen. Jeder Ort ist eine Reise wert. Alle haben Türme. Pisa einen schiefen. Der Stadtkämmerer freut sich.

Viele auf Hügeln oder Bergen erbaut. Aus den Steinen der nahen Umgebung. Sienabraun sagen Farbenhersteller. Hier ist diese Farbe sesshaft. Dem Zuhause von Mäusen und Menschen. An anderen Stellen Marmorbrüche. Weiß wie die Unschuld. Für den Kontrast zum dunkleren Gestein. Grün schmeichelt den Häusern. Ihre Fenster liefern den Vorwand, dominierende Ockertöne aufzulockern. Geranien in Kästen gepflanzt. Kräftig grünes Blatt und weithin leuchtendes Blühen. Hellweißcarmesin gestreift und dunkelrot wie Blut.

Neben einem typisch toskanischen Torbogen parkt ein weißer Fiat-Cinquecento. Ein schwarzer Kater läuft davon. Italien ist alles Kunst, in Form und Farbe. Alta Moda beweist es auf andere Weise. Hinter den Fassaden Kultur. Die Rätsel ruhen in den Gräbern.

Einmalig Pitigliano in der Provinz Grosseto. Auf vulkanischen Bergspitz geklettertes Städtchen. Eng aneinander gedrängt rundherum Häuser und Kirche. Nebeneinander. Übereinander. So als müssten sie sich gegenseitig vor dem Umfallen bewahren. Wir meinen darin zu ersticken, so eng sieht es aus. Es ist eng.

Die steil gewundenen, schmalen Sträßchen können nur geschickte Routiniers befahren. Italiener sind geborene Seiltänzer. Fahren immer noch, wenn wir lange schon den Mut verloren haben. Pausen hier sind schön. Hinter die Fassaden schauen unmöglich. Hier oben leben heißt abseits leben. Wer hatte wohl die Idee, diesen Kegelstumpf zu bebauen? Im Kirchenbuch finden wir keinen Gründernamen. Unter manchen Häusern fand man etruskische Mauerreste. Aus dem 5. Jahhundert vor Christus.

Eiger, Mönch und Jungfrau. Bekannt als Dreiergruppe. Aushängeschild der Schweiz. Klingt schön. Sieht beeindruckend aus. Jungfrau am leichtesten zu besteigen. Bis zum Joch mit der Bahn fahren und rauf und gucken. Das Matterhorn schon schwieriger. Kletterkünstler wie meine Schwiegermama schaffen es mit Links. Wenn sie auf den Hörnligrat klettern. Immerhin 4003 Meter über Meeresspiegel. Alpinisten haben Argumente für ihre Leidenschaft: Sportliche Herausforderung. Das einmalige Gefühl über den Dingen zu schweben. Endlich oben. Nie mehr runter wollen. Zwei Etagen tiefer bewundern Urlauber hinter beheizten Panoramascheiben drinnen das eisblaukalte Panorama draußen. Mich friert. Bin kein Alpennarr. Sonniger Süden meine Leidenschaft. Will Orte die ich sehe betreten. Nicht nur durchs Fernglas beäugen.

In einem Jahr wollten wir´s dennoch versuchen. Mit meiner Frau zwei Wochen auf einer Alm. In der Jagdhütte unserer Freunde. 2130 Meter über dem Meeresspiegel. Ausgangspunkt Steg. Auf halber Höhe. Außerhalb des Ortes am nächstgelegenen Berghang den

Wagen abgestellt. Schräg unter hohen Tannen auf nadelglattem Boden. Zwei Stunden aufwärts gekraxelt. Über Baumwurzeln gestolpert. Mit allem Gepäck auf dem Rücken durch Eistunnel gekrochen. Gefrorene, noch nicht getaute Schneelawinen vom letzten Winter. Immer aufwärts gekrabbelt. Entlang einer abgrundtiefen Schlucht. Aus der pausenlos lärmende Geräusche brodelten, rauschten, zischten. Das reißende kleine Gewässer ein wild gewordener Bach. Krabbach sein Name. Wir krabbelten entlang immer an dem, was so heißt. Konnten unser Ziel nicht verfehlen.

Auf halbem Weg eine Hütte. Pause. Beine baumeln lassen. Eine Literflasche Mineralwasser leer trinken. Steilauf klettern macht durstig. und hungrig. Noch eine knappe Stunde und wir können unser Fertigsüpplein kochen. Ein eiserner Kanonenofen soll dort sein.

Es zieht sich und zieht sich. Langsam weitet sich die Schlucht zum Kessel. Hänge grün. Ganz hoch oben ein Haus. Mit tief herunter hängendem Dach. Und noch ein ähnliches auf der anderen Seite. Almbauern in der Sommersaison. Sieht wie Ferien aus, ist aber Knochenarbeit. Viele bunte Kühe draußen. Geübt im Schrägstehen und gleichzeitig kauen und wiederkäuen. Bauer und Frau warten, bis die Euter voll sind. Jeden Tag.

Inzwischen waren wir oben angekommen. Hütte aus Baumstämmen, Schrägdach mit Teerpappe wasserdicht gemacht. Kantig gerahmt das Fenster, die massive Tür. Der Almhirte begrüßte uns mit Handschlag. Zeigte uns, wo das Holz für den Ofen bereit liegt. Zersägt und gespalten zur Mauer gestapelt im Schuppen. Trocken, damit´s wie Zunder brennt im eisernen Ofen. Der stand neben dem doppelstöckigen Bett. Ahnen, es könnte kalt werden nachts. Ich entdeckte alte Zeitungen, steckte etliche in das Feuerloch. Scheite drauf und angezündet. Mit zwanzig Zentimeter langen Zündhölzern aus der Notfallkiste. Aluminiumtopf mit Quellwasser aus der Kannne gefüllt. Aufgesetzt. Und eingerührt. Maggi – oder war´s Knorr? Nach zwei Stunden anstrengendem Aufstieg schmeckte uns die Erbsensuppe aus der Tüte köstlich. Sehr gut geschlafen. Trotz Stroh unterm Hintern.

Fürs Erste waren wir versorgt mit Lebensmitteln. Brot, Käse, Schinken, Wurst, Konserven, Teebeutel im Rucksack mitgebracht. Nach einer Woche brachte uns der Sohn des Almhirten was wir wollten. Aus dem Städtchen unten. Seinem Vater Tabak, Schnaps und Brot. Nahm auf dem Rückweg Butter mit. Die sein Vater aus frisch gemolkener Milch gestockt, gesiebt, gewalkt, geknetet und zu ziegelsteinförmigen Paketen modeliert hatte.

Wir frühstückten in der Morgensonne. Betrachteten das Panorama rundum. Wurden ruhig dabei. Was sollten wir reden. Schauen war schöner. An gegenüber liegender steiler Felswand Gemse. Unerreichbar für die Schießeisen der Jäger. Noch weiter, höher gletscherte Schnee in der Sonne. Vor dem Bauernhaus in halber

Höhe hinter uns entdeckte ich eine Bäuerin. Im Fernglas ein dralles Weib in rotgrünblau geblümtem Kittel.

Es soll auch Auerhähne geben, die beim Balzen ihre schwarzroten Sterzfedern spreizen wie ein Pfau. Wir besuchten hundert Meter hangaufwärts unseren Almhirten in seiner Hütte. Wiese vor uns himmelan, soweit wir sehen konnten. In sanften Wellen onduliertes Aufwärts. Da und dort vom Wind zerzauste Föhren. Kühe. Die Tür stand offen. Sahen den Mann hemdsärmelig gelassen die fettige Milch zu gelber Butter verarbeiten. In hölzernen Models mit dem Markenzeichen Edelweiß 250 Gramm schwere Pakete formen. Stapeln in Regalen. Zum Abholen bereit. Körperliche Schwerarbeit. Das Endprodukt die beste Butter unseres Lebens. Leider konnten wir kein Paket der goldgelben mit nachhause nehmen. Es hätte sich vor Heimweh verflüssigt.

Auf halbem Weg eine Quelle. Trinkwasser zapfen in freier Natur. Schmeckte klar und sauber. Viel, viel natürlicher als Eifeler Sprudel. Aber zehn Kilo schwere Kannen schleppen kein Vergnügen. Einmal pro Tag. Erholen konnte ich mich in einem kleinen Bretterhäuschen. Wie alles schräg am Hang. Unser WC.

Holzwände an drei Seiten schützten vor neugierigen Kühen. Dach überm Kopf. Vor mir die Eigernordwand, wenn sie es wäre. Steil wie sie. Schroff wie sie. Unbesteigbar für Gucker wie mich. Auf dem Lochbrett genug Platz. Für mich, alte Tageszeitungen, ‚Wild und Hund', die Hauszeitschrift unseres Freundes. Ja, so saß ich da. Las alte Zeitungen. Anzeigen rauf und runter. Und betrachtete das Draußen. Wohlgefühl streichelte meine Seele. Beim Anblick der Berge. Erleichtert, drükkende Lasten los zu werden. Und gleichzeitig frische Bergluft zu atmen. Einmalig solche Gelegenheiten. Vierzehn Tage thronen wie ein König. Nie mehr danach.

Ein einziges Mal versuchte ich im Krabbach zu baden. Rutschte den Hang hinunter, stieg vorsichtig ins Bachbett. Achtung Kieselsteine. Nicht ausrutschen. Wasser schäumte, spritzte. Huch! Eiskalt. Baden war nicht. Meine Frau erhitzte Quellwasser auf dem Ofen. Goß es in eine Zinkwanne. Kaltes dazu. So konnten wir baden. Einmal die Woche. Nachteil, ich musste dreimal zur weiten Quelle und zurück. An lang gezogenen Armen zwei zehn Kilo schwere Kannnen. Alles für das Gefühl, sauber sein müssen, den Respekt vor sich selber nicht zu verlieren. Letzteres stellt sich hoch oben automatisch ein. Weit entfernt von Verführern und Konkurrenten. Das gewohnte Bad eigentlich überflüssig.

Hochgebirgslandschaften haben ein wunderschönes Gesicht. Und Abgründe dahinter mit Abgestürzten. Auch wenn ihre zerschmetterten Körper schon daheim auf dem Friedhof liegen. Nein – Orte des Schreckens wollten wir nicht sehen. Ihre Rätsel sollen Rätsel bleiben.

Mallorca hat die schönste Insellandschaft, meine ich. Vielfältig wie keine. Mit immer noch stillen Buchten, wer weiß wo. Fruchtbare Mitte mit Getreide und Gemüse. Schneeweiß blühenden Mandelbäumen. Duftenden Orangengärten. Tramuntana, Gebirgszug an der Nordwestküste. 1447 Meter hoch der Puig Major. Der höchste Berg wie ein Keil. Schroff und unzugänglich wie Himalaja. Freundlich zu Wanderern talwärts.

Der schönste Sandstrand ‚Es Trenk' schmiegt sich ans Meer, sichelförmig gebogen. Wunderbar weicher Sand mit dazwischen geworfenen Felsbrocken. Überreste des Urknalls. In Millionen Jahren unverändert hart geblieben, so wie Mütterchen Erde sie ausgespuckt hatte. Das Meer freundlich. Wirft Wellen seit Ewigkeiten, sie zu glätten. Für anlehnungsbedürftige Touristen, speziell Liebespaare. Die Felsbrocken aber bleiben hart, eisenhart. Zum Glück ist der Sand weich. Und das Meerwasser. Meer, das seinen Namen zu Recht hat. Mittelmeer.

Mitte zwischen Italien, Griechenland, Frankreich und Spanien. Mitte abendländischer Kultur. Mitte unseres Verlangens nach Sonne und Süden. Mit seinen Menschen, Kirchen und Küchen. Jedes Jahr verlebten wir drei Wochen in unserer Casa am Meer. Demselben Meer, das ‚Es Trenk' gebogen hatte wie eine Sichel. Einen halben Kilometer nah.

Nah ist alles, gleichzeitig entfernt. Schauten wir von der Terrasse hinaus: Steiniges Ufer vor der Tür, im Takt

aufschäumende Wellen. Dahinter blaugrüne Weite, das Meer. Begrenzt von flachem Strand. An dessen Rändern die Wellen unentwegt Sand wegnehmen. Der Strand schmaler wurde in Jahrhunderten. Noch war er breit genug für zwei Badeversessene wie wir. Weit, ganz weit, nur mit dem Fernglas zu erkennen, die Uferstraße. Weiße Häuser, rote Dächer. Dorf am Rande. Eine Tapabar soll dort sein. Geschätzte vierzig Kilometer dahinter die Tramuntana. Ein Gebirgszug. Am hellen Tag bei klarer Sicht entfernt und blass. Abends eine blauviolette Silhouette. Scheinbar näher gerückt. Dahinter kein Rätsel. Immer noch das Mittelmeer. Wissen wir.

Wir sehen Boote Beute heimbringen in der Früh. Die Sonne aufsteigen am Morgen. Pinienwälder hinter dem Strand grenzen das feste Land vom tagsüber meist blanken Himmel ab. Vom Lärm der Straßen, der ganzen Welt dahinter. Es ist still. Hörten nur die Wellen gleichmäßig auf Sand und Steine klatschen, zurück weichen. Grüner Tang bleibt liegen. Ab und zu eine Möwe. Wir genossen es sehr, aus der Welt und Teil eines Ganzen zu sein. Umgeben von den Elementen. Wasser, Land und Himmel. In den Ohren das aufgeregt beruhigende Zirpen der Grillen. Blinzelnden Auges die Sonne sinken sehen wie einen Feuerball. Im Herzen das Glück spüren der Einmaligkeit des Augenblicks.

Wir liebten uns weit draußen im blaugrünen Gewoge. Schwammen nackt bis zur nächsten Bucht und zurück. Getragen vom salzhaltigen Wasser, das nicht untergehen lässt so schnell. Picknickten unter Pinienbüschen. Den typisch harzigen Duft in der Nase. Da, ein Pfauenauge landet, hebt ab und flattert davon. Sonne wärmte angenehm, bräunte verträglich. Wir flogen Anfang Mai oder Ende September. In den Sechzigern, frühen Siebzigern waren wir oft die Einzigen auf Es Trenk. Zehn Jahre später Massenbetrieb. Nacktbadezone. Hunderte weiß und rothäutige Nordländer. Idylle passado.

Jede Landschaft hat ihr eigenes Gesicht. Charakteristische Linien, Farben, Düfte. Wir lieben oder vergessen sie. Könnte jetzt das Kompendium Landschaft aufschlagen. Der Platz in diesem Buch reichte nicht. Es sind Ungezählte. Pardon schwarzer Wald, dass du nicht auf meiner Toplist stehst. Verzeiht Provence, Loiretal, Burgund, Amalfitana, Fjord, See, Bergkegel am Lijiang, Urwaldtempel von Angkor. Strandhäuser von Phuket. Verzeihung Grönlandeis, Kanadas Weite, Spaniens Estremadura, Griechenlands Peleponnes. Die euch lieben, werden euch besuchen. Neues finden hinter den Fassaden.

Eine Landschaft will ich zum Schluss skizzieren. Jeder, der sich einmal Duisburg oder Gelsenkirchen näherte, kennt die Kulisse. Das unverwechelbare Gesicht einer Industrielandschaft: Das Ruhrgebiet. Schlote pafften dunkle Wolken ins Blaue. Flammen versengten den Himmel, färbten die Wolken dunkelrot. Kühltürme bliesen Dampf in einen Himmel, der einmal blau war.

Koksöfen stanken wie Pest. Riesige Abraumhalden überall schwitzten Schadstoffe aus. Leiteten sie in das Flüsschen zu ihren Füßen, die Ruhr. Ölig schillerndes Wasser. Fische tot.

Wer in diesem Dreckloch wohnte, hatte sein Leben lang Probleme. Stickige Luft. Atembeschwerden. Staublunge die Kumpel. Kosten, Risse im Haus zu reparieren. Folge von Einbrüchen des Gebirges in den Kohleflözen tief unten. Bis tausend Meter und mehr unter den Gleisen der Straßenbahn. Die meisten Menschen blieben vor Ort. Es war ihr Arbeitsplatz und ihre Heimat. Pflegten ihr Häuschen. Spielten Fußball. Sangen im Chor. Die Männer.

Ihre Frauen und Töchter sorgten sich. Waren zur Stelle, wenn´s Not tat. Lebten länger als ihre Männer. Ließen die Tauben fliegen. Putzten ihr Häuschen. Nach wie vor. Nur singen konnten sie nicht mehr so frei weg von der Leber.

Mich faszinierte das Ruhrgebiet ganz einfach, weil ich jung war. Sechsundzwanzig Lenze. Leiter der Abteilung Öffentlichkeitsarbeit. PR sagt man heute. Mein Arbeitgeber eine angesehene Maschinenfabrik. Produzierte Aufzüge, von Bergwerks-Gesellschaften bevozugtes Gerät. Für zuverlässigen Transport zwischen den Etagen im Untertagebetrieb. Ließen an Seilen Gitterkäfige in engen Schächten runter fahren. In Tiefen, wo während Jahrmillionen Farnkraut zu Kohle wurde. Wieder rauf bis an die Hauptstrecke zu den Fördertürmen Übertage. In allen Quergängen Gleise. Kleine Loks zogen die vollen Wagen zu den Aufzügen. Die leeren in die Flöze wieder zurück.

Der Käfig randvoll mit Bergleuten oder Kohlewagen, Loren genannt. Runter bis auf ca. tausend Meter Teufe, hochdeutsch Tiefe. Reisegeschwindigkeit mit maximal zehn Personen, Kumpeln, ein Meter pro Sekunde. Mit Loren, leeren oder vollgeladenen, zwei Meter/Sek. Fürs eilige Geschäft. Wenn ich mich richtig erinnere.

Ich hatte den Auftrag, die Maschine bei laufendem Betrieb zu fotografieren. Freute mich. Aber vor dem Start in die Tiefe wurde mir schummerig. Als ich den wackelnden Käfig betrat. Als ginge es in die Hölle. Er schwankte. Öliger Kohlegeruch kam aus der Tiefe und Windzug. Drang in jedermanns Klamotten. Dann runter. Runter, runter. Immer tiefer, tiefer. Die Reise schien kein Ende zu nehmen. Bald bin ich am Erdmittelpunkt, kam mir vor. Es wurde wärmer. Noch wärmer. Das Thermometer im Korb zeigte 42 Grad. Wir hingen am Seil. Wenn das mal nicht reißt?

Ständig wackelte der Käfig. Ich hatte das Gefühl, als schüttelte uns ein Riese. Gleich, gleich stößt er an die Schachtwand. Die riesige Fördermaschine drehte und drehte sich. Ließ uns hinunter. Mitleidslos. Bis der Steiger auf den Knopf drückte. Der Korb stoppte sofort. Auf Sohle acht. Sohle wie Etage. Dann erst öffnete er die Gittertür brüllte: „Raus!“ Steiger waren die

Feldwebel einer Arbeitsgruppe. Alles hörte auf ihr Kommando.

Sah noch wie die Kumpel in niedrigen Stollen verschwanden. Schrämmaschine, Schaufeln. Auf Geleisen leere Loren. Dann stiegen wir in den Binnenaufzug, den meine Hasenclever-Maschine bewegte. Fuhren mit einem Gehilfen hoch auf Sohle vier. In einer hohen Kaverne meine Aufzugs-Maschine. Das Herz dieser Anlage. Stativ aufgestellt, die Kamera angeschraubt. Es konnte losgehen. Der Kumpel schleppte das zentnerschwere Blitzgerät mal hier, mal da hin. Ich suchte verschiedene Perspektiven. Stellte die Schärfe ein, maß die Belichtung. In der Nase juckte Staub. In den Ohren Geräusche. Vertraute, unbekannte. Im Hohlraum der Kaverne laut wie durch einen Verstärker.

Das monotone Summen der Maschine. Knisterknakken über mir im Gebirge. Es rumorte, krachte, polterte. Hörte nicht auf. Wurde lauter, kam mir vor. Dann ein Knall. Staub rieselte aus Spalten im Gestein. Der Weltuntergang schien gekommen.

Ich bekam Angst. Scheißangst. Gleich bin ich tot. Der Gehilfe sah mein Gesicht. Beruhigte: „Das ist normal. Wenn´s schlimmer wird, geben wir Alarm. Wenn wir noch können.“ Sein Auge blickte auf das rote Telefon an der Wand. Kumpel hatten die Ruhe weg. Kannten das seit sie hier malochten. Haben sich daran gewöhnt, denke ich. Tod ist wie der Schatten hinter ihnen. „Wenn´s richtig gefährlich wird, klingt das anders“, sagte er noch.

Ich machte noch ein paar Schüsse. Wartete auf das Ende der Schicht. Der Aufzug fuhr nach Plan. Sohle nach Sohle, voll oder leer. Rauf oder runter. Hielt nur zum Einladen oder Ausladen. Der Haspel wickelte das Drahtseil auf, ließ es locker. Drehte und drehte sich und glänzte im Licht. Mein Direktor wird sich freuen. Wenn er die Fotos sieht. Hoffentlich sind sie gelungen. Noch nie im Finstern fotografiert. Ich musste warten. Noch vier Stunden bis zum Ende der Schicht. Was sollte ich tun?

Rauchen verboten. Mich in den Stollen umsehen keine Lust. Gebückt und Staub schlucken – nein. Meine Bandscheiben wären ausgerastet. Hätte gern mit dem Gehilfen geschwätzt. Der aber hatte zu tun. Holte die ‚Ruhrnachrichten’ aus meiner Tasche. Hockte mich auf einen Felsvorsprung an der Wand. Las die Zeitung von A bis Z. Horchte mit gespitzten Ohren in den Berg über mir. Leerte mit kleinen Schlucken meine Wasserflasche. Dachte bei jedem Schlückchen, runter mit dem Staub. Die Neonröhren zuckten immer noch bläulich. Als erlöschten sie jeden Moment. In der trockenen Luft Staub, Staub, Staub.

Endlich der Korb mit den Kumpeln von Sohle acht. Angestaubt mein Gesicht, vermutete ich. Sicher nicht so schwarz wie das der Kollegen. Wieder oben, wo ist der Bierkasten? Eine Flasche Dortmunder in einem

Zuge geleert. Bier schwemmt Staub in den Orkus. Macht Kehle frei für Worte und Lacher. Verrußten Drillich in die Kiste geworfen. Die schweren Arbeitsgaloschen dito. Dann in die Kaue, für Laien Dusche. Eingeseift, geschrubbt.

Ich genoss die Wasserfluten, die aus großen, runden Brausen angenehm warm weich herab flossen, meinen Body quasi erneuerten. Abgetrocknet. Meine Zivilklamotten, Hose, Hemd, Pullover, Schuhe von der Decke geholt. Sie hingen während der Schicht sicherheitshalber am Haken am Seil. Wertsachen inklusive. Hoch über Köpfen und ausgestreckten Händen. Endlich wieder Tageslicht gesehen. Es war wie Auferstehung.

Das und anderes ist Vergangenheit. Auch ein Stück von mir. Bin immer noch stolz dabei gewesen zu sein. Mit hilfsbereiten Kumpeln gequatscht. Tausend Meter unter Straßenbahnschienen, denen heute nicht mehr das Fundament weg bricht. Weil einbruchsgefährdete Stollen zubetoniert sind. Zechen still gelegt. Die Schmutzschleuder abgewrackt. Stahlwerke konzentriert.

Kumpel in Rente oder umgeschult. Dienstleistungen boomen. Die Ruhr ist wieder sauber. Unter hängenden Weidenzweigen treiben blühende Seeroseninseln flussabwärts. Kahnfahren, Paddeln, Zelten ein sommerliches Vergnügen. Auch die Fische freuen sich. Recken ihre Köpfe aus den Fluten und schnappen saubere Luft. Grüßen Angler. Fast wie früher.

Ist es das Rätsel, von dem wir meinten, es verstecke sich hinter den Fassaden? Im Ruhrgebiet ist alles umgekehrt proportional. Hinter stehengebliebenen hässlichen Fassaden finden wir jetzt viel Gutes. Das Rätsel ist keines mehr. Alles davor können wir vergessen.

Freuen wir uns, dass jetzt die Schlote nicht mehr rauchen. Die Feuer erloschen sind. Aus Fördertürmen Aussichtstürme wurden. Aus Maschinenhallen Kunstgalerien. Auf den Halden wächst Grün. Mit Wasserspielen, Bänken und Kinderspielplätzen. Großstädte erholen sich. Zeigen Glanz und moderne Zeit. Nur kleine Bergmannsstädte und Infrastruktur brauchen noch Zeit. Die Kassen klamm. Der Bund muss endlich auch dem Westen helfen. Die Fassade des Ruhrpotts blieb dieselbe. Doch das Dahinter ist bereits höchst erfreulich.

Ein Rätsel hätte ich gerne gelöst: Wer hatte eigentlich als erster die Idee, Steine zu verbrennen?

Rose

Fällt das Wort Rose, Name der Königin unter den Blumen, habe ich sofort meine Frau vor Augen. Andere die Blume aller Blumen oder Umberto Ecos ‚Name der Rose'. Höchst komplizierte, spannende Kriminalstory, die in einem Benediktinerkloster spielt. Tiefstes Mittelalter. Welterfolg 1982 bis heute. Von Jean Jaques Annaud verfilmt. Mit Sean Connery. Um was geht´s?

Domnikanerpater William von Baskerville, begabter Spürhund, will fünf Morde aufklären. Schnüffelt im Labyrinth der alten Bibliothek. Entdeckt das zweite Buch der Poetik von Aristoteles. Auf einigen Seiten Spuren von Gift. Wollte einer der Brüder den lieben Gott spielen? Bestrafen den, der Irdisches statt Himmlisches suchte. Sich ergötzen wollte an lustvollen, das Leben bejubelnden Versen? Er fand den Mörder, des Rätsels Lösung nicht. Resummiert: „stat rosa pristina nomine – nomina nudate tenemus." Die Rose von einst ein Name. Wir haben nur noch den nackten Namen.

Umberto Eco sagte zum Titel seines Buches, er sei ihm spontan eingefallen. Er gefiel ihm gut, weil er offen ist nach allen Seiten. Jeder Leser sich vorstellen mag, auf wen oder was der Name zutrifft. Auch das Mädchen meinen, das Willliam verführte.

Recht hat Umberto Eco. Rose klingt. Himmel auf Erden schwingt mit, Liebe. Willkomm und Abschied. Farbe und Duft. Verführt wie keine andere Blume. Blättert ab peu à peu und stirbt. Ganz meine Rose. Die Frau meines Lebens. Tränen wollen kommen. Lasse sie.

An der Freiburger Universität untersuchte Barbara Niederer in ihrer Doktorarbeit den großen Erfolg des Buches. In den Rezensionen der Zeitungen und Zeitschriften weltweit. Der Titel in Italienich, weiß nicht warum. „Il tri-onfo della rosa. Indagine sulla rizensione del nome della rosa." Der Triumpf der Rose. Klingt schön.

Meine bisher fünf geschriebenen Bücher über meine Rose sind keine Krimis. Vielleicht ein Grund für zögernden Zuspruch. Mein Leben nicht so interessant wie das des Novizen William von Baskerville. Aber erfüllt. Glücklich letzten Endes. Trotz Krankheit zum Schluss und Eingriff von oben. Sie starb vor sechs Jahren an den Folgen eines Lungenemphysems.

Trauere immer noch. Aber mit jedem Satz, den ich schreibe über sie fließen Trauertränen seltener. Werden Tränen der Freude. Beschreibe ihre sympathischen Seiten, ihre Handykaps. Immer ein Gesicht vor Augen, das ich gut zu kennen glaubte. Mit allem, was sich dahinter abspielte. Ausgesprochen oder nicht. Manches richtig geahnt oder falsch gelegen. In den letzten Jahren schien sie öfter über etwas nachzudenken. Abwesend zu sein. Nach innen gewendet ihre Augen. Nichts sichtbar für mich hinter den gesenkten Lidern. Denke ich jetzt darüber nach, dämmert es mir.

Es begann vor etwa zehn Jahren. Nach einem Besuch beim Lungenarzt. Seine Diagnose änderte ihr, änderte unser Leben, von gleich auf jetzt. Er sagte es ihr knallhart: Sie haben ein Lungenemphysem. Unheilbar. Jetzt verstehe ich ihr nach innen Horchen, wenn sie die Augen schloss. Atem zu hören. Den Rhythmus, ohne den wir nicht leben können. Spüren, dass Luft in die Lunge gelangt. Um wieder ausgeatmet zu werden. Mit allem, was dem zarten Gewebe à la longue schadet. Jetzt weiß ich die Fotos zu deuten. Ahne ihre damalige Angst hinter den geschlossenen Lidern.

Was für ein Leben bis dahin. Ihre Schönheit fesselte meine Augen. Ihre Art mit den Dingen umzugehen meinen Verstand. Über ihnen zu stehen. Abstand zu halten um frei zu sein. Frei für das Schöne überall. Rose riss mich mit. Zu allem, was sie liebte. Das Yves-Klein-Blau der Iris in unserem Garten. Das schlanke Säulchen, das eine mauermächtige Fassade stützt in Cormatin. Die grünen Wiesen mit schwarzweißen Kühen am Niederrhein. Limonenhänge an der Amalfitana. Düfte der Provence. Lavendel, Rosmarin, Thymian atmen und die warme Wolle vorüberziehender Schafe.

Wir besuchten die tausendjährige romanische Kathedrale in Ravello. Mit ihren byzantinisch goldgesprenkelten Mosaiken. Mstlav Rostropowitsch dort gehört mit Johann Sebastian Bachs Konzert für Cello solo. Auf

Düsseldorfs Kö Paolo Contes Reibeisenstimme, die keine ist, wenn man es genau nimmt. Aber die Texte. Worte eines Mannes, der sie mehr spricht als singt. Zu temporeichem Gitarrenschnarrenratschratsch.

Knappe achtundzwanzig Jahre konnten wir das Leben feiern. Ganz still uns freuen und lauthals jubilieren. Trauern und weinen. Unterwegs sein im weitesten Sinne. Ständig bereit, mehr zu unternehmen, zu schauen, neue Gesichter zu sehen. Italien, Frankreich und Spanien unsere liebsten Länder. Menschen kennengelernt, Kulturdenkmäler und die heimischen Küchen. Jedes Mal reicher wieder heimgefahren.

Haus oder Garten ergänzt, verschönert. Bouillabaise gekocht, Spaghetti Vongole, Paella gebacken. Weine getrunken von dort. Erlebtes noch einmal genossen mit allen Sinnen. Wissen in Büchern vertieft. Rose war regelrecht versessen auf Geschichte und die Vita herausragender Personen. Nicht mehr zu Ende lesen konnte sie Klaus Harpprechts ‚Die Gräfin'. Das Leben einer klugen Frau vor, während und nach dem Hitlerkrieg.

Frage mich. sind wir auch weiter gekommen auf der Reise zu uns selbst? Augustinus im Kopf: „Alle Welt habt ihr gesehen. Berge, Flüsse, das Meer. Aber bei euch selbst seid ihr nicht angekommen." Suche in aberhundert Fotos Roses Gesichter. In denen ich lesen möchte, wie es innen aussah. Erkennen, was übrig blieb von Wonnemonden. Und das andere zuletzt.

Ereignisse, Bilder drängen sich vor. Erinnere einen Spaziergang, Wochen nach dem Todesurteil. Wie öfter um die Wasserburg, nahe beim Haus. Früher kein Problem. Jetzt schien ihr bei jeder kleinen Steigung der Atem zu stocken. Sie blieb stehen. Ich wartete, nahm ihren Arm bevor wir langsam, ganz langsam nachhause gingen. Nicht anders beim letzten Urlaub in Amalfi. Dutzende Male die steile Straße vom Städtchen hoch ins Hotel ‚Luna Convento' gesprintet. Im letzten Urlaub 2002 blieb sie viermal stehen. Schaute aufs Meer. Winkte. Als hätte sie auf dem Tragflügelboot einen Bekannten entdeckt. Nahm einen Hub Sauerstoff, bevor sie langsam weiter ging. Als wäre nichts.

In der Berliner Philharmonie hatte ich Plätze direkt neben dem Notausgang gebucht. Schnell raus, wenn im ausverkauften Haus die Luft zu dick Roses Atem blokkierte. Mahlers ‚Lied der Erde' unter Simon Rattle ließ sie das Atemproblem vergessen. Ich hatte sie lange nicht mehr so gelöst und glücklich gesehen. Musik ein Heilmittel? Kaufte Schuberts ‚Moments musicaux'. Das letzte, was sie hörte, zehn Tage vor ihrem Tod.

Auch ich vergaß ihr Handycap. Oder verdrängte ich es? Sicher wollte ich nicht wahrhaben, dass unser aufregendes Leben spannungslos und ruhig wird. Seinem Ende zugeht. Nie und nimmer. Tod kam in meinem Wortschatz nicht vor. Leben wollte ich. Schrieb meiner Liebsten wieder Gedichte. Andere als die nach unserem ersten Treffen. Schon ein bisschen Moll, aber mit fröhlichen Tönen in D-Dur. Und der Absicht, Rose aus ihrem schwarzen Loch zu holen. Ans Licht meiner Sehnsucht. Fühlte mich so. Wie früher. Zu optimistisch? Was fühlte Rose? Sah ihr ernstes Gesicht. Es lächelte nicht.

Betrachte ich heute das Gesicht meiner Rose auf Fotos, brauche ich nach dem Dahinter nicht mehr zu fragen. Sehe nur die schönen Linien, die immer noch vollen Lippen. Bin verliebt. Ja, auf einigen Bildern der letzten Jahre schlägt sie die Augen nieder, als dächte sie nach. Weiß jetzt, sie horchte nach innen. Atmet es? Wie lange noch? Die Frage aller Fragen. Damals bemerkte ich es zwar. Aber irgendwas in mir verdrängte den Gedanken daran sofort. Nicht zu glauben, wie schnell Probleme zu verschwinden scheinen, wenn man sie negiert. Wurde peu à peu vergesslicher. In Sachen Lungenemphysem. Verdrängungsweltmeister in zehn Jahren. Kein Anlass zu feiern. Der Tod vor der Tür.

Blicke lieber zurück. Hole die gesunde, die temperamentvolle Rose in mein Gedankenhaus. Für mich jahrzehntelang Inbegriff von Liebe und Leben. Prickelnde Gegenwart. Wollte, dass es immer so blieb. Und ahnte, es geht nicht. Alles ändert sich in dieser Welt. Ließ die Frage nach dem Rätsel hinter der schönen Fassade. Das Rätsel hatte einen Namen: Lungenemphysem.

Erinnere, Rose hat niemandem von ihrem Problem erzählt. Auch mich verschonte sie mit Weinen und Worten. Die Wahrheit könnte mir Angst machen. Mich irritieren beim Schreiben und Geldverdienen. Egoistisch von mir, erleichtert zu sein. Hinter meinem Schutzschild bleiben. Auf Optimismus machen. Konzentrierte mich darauf, ihr die Tage zu erleichtern.

In einem Urlaub nächtigten wir in Bayerns tiefster Provinz. Das zweihundert Jahre alte Hotel gefiel uns. Aber ungelüftet. Noch nicht im Zimmer: „Fahren wir weiter, hier kriege ich keine Luft.“ Ich fuhr sie und mich ins nächste Dorf. An einem See. Dort muss gute Luft sein. Wir blieben drei Tage. Sahen den Enterichen zu. Die wie alle Männer ihre Köpfe ins Wasser steckten. Um nicht ansehen zu müssen, wie ihre Frauen sich pausenlos abplagten, den Nachwuchs zusammenzuhalten. Rose lächelte und erzählte aus ihrer Kindheit in Au.

An letzter Weihnacht schenkte ich Rose eine Wetterstation. Gespannt verfolgte sie den Wetterbericht im Fernsehen. Je tiefer der Luftdruck, desto größer ihr Luftproblem. Drohte der Himmel mit Dunkelgrau und Regen, holte sie sich öfter am Tag als sonst neuen Sauerstoff aus dem Apparat. Starrte gebannt auf den Zeiger des Messgerätes. Als könnte sie ihn bewegen höher zu steigen. Dahin, wo mindestens 1020 Bar steht. Ab da war die Luft trocken. Atmen leichter.

So lebten wir von Tag zu Tag. Kochten, gingen spazieren oder zum Italiener. Einmal noch nach Montegrotto zum Fangokuren. Ablenken auf Italienisch. Auf dem Kopfkissen nachts vergaß ich meine Nöte. Verschlief das Problem für ein paar Stunden. Träume holten die gesunde Rose aus dem Früher ins Jetzt. Lebendig wie eh und je. Spürte ihre Nähe, ihre Distanz. Trotz Liebe und Leidenschaft hing sie mir nie am Hals tagsüber. Obwohl ich´s gerne gehabt hätte. Dass sie mich liebte, zeigte sie in Momenten. Nicht ausdauernd wie ein Teenager. Zärtlich ja. Kuss auf die Wange. Streicheln, Leckeres kochen. Mit mir reden, wenn ich Probleme in der Agentur hatte.

Stürmisch umarmt haben wir uns nicht so oft wie man es in Liebesfilmen sieht. Spürte, sie wollte nicht eingenommen werden wie eine Festung. Sie sah mich an, wenn ich ihr meine Liebe zum aberhundertsten Mal gestand. Die Arme hob, sie zu umarmen. Spitzbübisches Lächeln in ihren Augenwinkeln. Sonst nichts.

Nahm es hin. Sagte mir, es ist ihr Charakter. Nimm es wie es ist. Liebe sie doch mehr als mein Leben. Bremste also meinen Drang und zitierte ihr mein neuestes Gedicht: *„Seit ich dich liebe, tanze ich auf dem Faden der Spinne."* Ich war sehr produktiv in dieser Zeit. Rose schaute mir in die Augen: „Gefällt mir". Und ging in die Küche, um Kartoffeln zu schälen.

Nur wenn wir miteinander redeten, waren wir uns so nah, dass kein Blatt dazwischen passte. Symbolisch gemeint. Nur Roses Parfüm dazwischen gehaucht. Mich daran zu erinnern, mein Kontrahent ist eine Frau. Unstrittig die gemeinsamen Grundinteressen. Auf einem Level in Sachen Kunst, Architektur und Speisezettel. Der Auffassung was schön ist oder was wir schöner machen könnten. Nur in Glaubenssachen strittig.

Streitlust überkam uns bei unterschiedlichen Auffassungen. Über Schöpfung oder Evolution zum Beispiel. Diskutierten, argumentierten auf Teufel komm heraus. Zitierten Bibel oder Darwin. Eigene Schlüsse daraus. Was bei mir vom Glauben diktiert war, löste bei ihr logische Argumente aus, die vernünftig klangen. Überzeugten oder nicht. Es hat meinen eher nachdenklichen Verstand ganz schön munter gemacht. Die Tür geöffnet zum Vorzimmer ihrer Seele.

Resultate akzeptierten wir. Nie blieb einer auf der Strecke. Genau diese Kombination von Liebe und Respekt erhielt unsere Zweisamkeit achtundzwanzig Jahre. Jeder ließ den anderen sein der er war. Abwartend oder entgegenkommend. Bin sicher es war Liebe.

Immer wieder tauchten Erinnerungen auf. Mit der Frage nach dem warum. Das Make-up war es nicht. Das nicht verwischt werden durfte von Küssen und Umarmung. Anfangs war ich traurig, wenn sie mir auswich. Zwei Wochen später nicht mehr. Liebte sie ja. Arm in Arm spazierten wir eng zueinander gedrängt. Spürten das Schreiten des anderen. Den Herzschlag in den Händen, die einander hielten. Ich entbehrte nichts.

Es gab auch Zeiten, da konnten wir den Abend nicht erwarten. Rissen uns die Kleider vom Leib. Und taten das, was Gott verboten hat. Hat er wirklich alle Spielarten der Liebe verboten? Oder haben die Pfaffen es falsch interpretiert? Omer, Pater und Freund gab uns

Absolution: In der Ehe ist alles erlaubt. Wir folgten ihm gern. An anderen Tagen wieder Distanz. Distanz, die nicht wehtat. Aber da war. Aufgewacht. Weiter gedacht.

Zurück wie meist in diesen Monaten nach ihrem Tod. Rose machte immer einen selbstsicheren Eindruck. Den einer gestandenen Frau, die wusste, was sie wert ist. Warum aber schlug sie die Augen nieder bevor sie von der Krankheit wusste? Wollte sie den Laden schließen? In dem noch nicht aufgeräumt war. Alles an der richtigen Stelle stand. Da, wo ihr Sinn für Schönheit es sehen wollte. Ihr Blick für Gerechtigkeit?

Was aber sind das für Sachen da drinnen, die verrückt werden müssen? Ein Standpunkt? Ihr eigenes Ich? Glaube? Oder war es verrückt von ihr, Ordnung zu wollen? Wo doch eine ganze Welt ungeordnet auseinander zu fallen droht. Die Welt der kulturellen Werte. An denen wir uns messen können, selber werden. Durch Bescheiden auf Wesentliches. Minimales. Rose schon weiter als ich. Im Kleinen entdeckte sie das Große. Im Unwichtigen das Wesentliche. Im Alltäglichen das Schöne.

Die Akelei im wogenden Weizenfeld. Den Reiher im windverwirbelten Blättergrün des Ahornbaumes. Die Träne im Auge des Gegenüber. Die nur aus einem Wort bestehende Metapher in meinem Zwanzigzeilengedicht. Das erlösende Wort nach einer Viertelstunde Schweigen. War ich bei mir noch nicht angekommen? Zu sehen, was sie sah?

Weiß jetzt, dass Rose mit ihrem ganzen Sein im schönen Gesicht mein Leben verändert, meine Welt bereichert hat. Immer noch das Feuer ist in meinem Herd. Das Faszinosum Rose blendete mich Jahr um Jahr. Und ich wurde sehend. Fast drei Jahrzehnte lebte ich mit ihr. Durch sie. In ihr. Um heute das ein oder andere klarer zu sehen.

Sehe kein Rätsel mehr, das mir Kopfweh machen müsste. Beglückwünsche mich und seh mir ein Foto an. Eines, auf dem Rose mich anstrahlt. Mit ihren wachen Bernsteinaugen. Ein anderes verdeckt von zartblau getuschten Lidern. Beide hängen in meiner privaten Galerie. Der Name der Rose eingebrannt in mein Gehirn. Das ungeliebte Rätsel gelöst. „Il trionfo della rosa." Noch Fragen? Sagen Sie nicht, niemand kann den anderen kennen totalmente. Sie könnten Recht haben.

Im Spiegel

Werde mein Gesicht im Spiegel betrachten. Bilde mir ein, ganz objektiv zu sein. Ehrlich. Das sehen, was ist. Nicht was ich möchte. Bevor ich rate, was dahinter ist, erinnere ich, wie Gesicht und Haartracht aussahen. Vor achtzig Jahren, dreißig, zehn. Was blieb von dem? Was hat sich verändert? Mein Haarschnitt zum Beispiel. Um mit dem Einfachsten zu beginnen.

Als ich mit sechs in die erste Klasse der Volksschule ging, sagte mein Vater kurz und bündig: „Haare ab. Im Sommer braucht dein Kopf Luft." Widerspruch vergeblich. Schnitt mir alle Haare mit der Maschine ratzeputz ab. Hatte eine Glatze wie mein alter Herr. Schon dessen Vater und Großvater hatten eine Glatze. Es war kein Erbfehler, sondern Mode bei ihnen. Ich schämte mich sehr. „Bist du neu hier?" Fragte Fräulein Gymnich, die Lehrerin. So anders muss ich ausgesehen haben. Mein Hintermann malte mit Kreide ein Ei auf meine Platte. Hielt still und knallte ihm eine nach Schulschluss. Vor Weihnachten durften die Haare wieder wachsen. Winterwolle sparte Wintermütze.

Gymnasium. Kriegsdienst. Studium der Architektur. Abends und in den Semesterferien gejobbt als Schaffner in einem Linienbus. Lernte ein Mädchen kennen.

Wollte Eindruck machen. Ließ mir vom Friseur die Haare legen wie Napoleon. Von hinten nach vorn. Eine Strähne schräg in die Stirn gelegt. Beeindruckt von Friedrich Sieburgs Napoleon-Biografie. Heiratete Marga, das Mädchen und wurde peu à peu erwachsen. In Charakter, Statur und Gesicht. Jedermann erkannte mich. Niemand irritiert vom anderen Haarschnitt. Nach vier Monaten kam mir vor, als liefe mein Ich neben mir her. Beschloss, das volle nussbaumdunkle Haar wieder von vorn nach hinten zu kämmen. Der Spiegel war zufrieden. Drei kleine Mädchen kamen auf die Welt. Im Abstand von exakt zwei Jahren. Wechselte meine Tätigkeit. Machte in Grafik-Design und schrieb Werbetexte.

Mit den Jahren wuchsen Einsichten und Fähigkeiten. Auch meine Haare ließ ich wachsen. Einen Bart stehen. Wollte als Künstler wahrgenommen werden. Ums Kinn herum zwei Zentimeter. Geschnitten regelmäßig. Jeden Tag mit dem Pinsel außen herum eingeseift, geschäumt. Mit einem Messer glatt rasiert. Später mit Willkinsons Dreifachklingen im Rasierapparat mit dem beruhigenden Namen ‚Sensitiv'. Alle Welt gewöhnte sich an mein Erscheinungsbild. Respektierte mich als Chef einer Agentur für Kommunikation, Ehemann und Vater.

Die ersten grauen Haare sichtbar. Falten zwischen Mundwinkel und Wangen. Mein Leben war in den Anfängen kein Zuckerschlecken. Ich ignorierte die Falten. Fielen nur mir auf, der in den Spiegel sehen musste beim täglichen Rasieren. Die mich seltener sahen, hielten mich für einen Mann in den besten Jahren. Nur meine Frau entdeckte einzelne graue Fäden. Wenn sie meinen Haarschopf auf die gewünschte Länge schnitt. Zwei Zentimeter oberhalb des Kragens. „Mein Lieber, soll ich sie dir ausrupfen? Oder färben?“ Wir lachten uns schief und tranken unseren Nachmittagstee.

Zwanzig Jahre später war diese Frage überflüssig. Alles Nussbaumdunkle grau. Warm, restbraun angetöntes Grau. Noch weit entfernt von Weiß. Ich ließ die Haare länger wachsen. Zuerst, weil mir egal war wie ich aussah. Nach dem Suizid meiner Frau Marga. Ein halbes Jahr später eine neue. Rose, die Liebe meines Lebens.

Sie war schön wie der Frühling von Allessandro Botticelli. Tolerierte meinen Eigensinn. Die langen Haare. Förderte meine künstlerischen Aktivitäten. Stärkte meinen Durchhaltewillen, indem sie mich kritisierte. Die Erfolge der Agentur mit mir feierte.

Nur das Erscheinungsbild meines Outfits riss sie an sich. So oft stand ich früher nie bei Herrenausstattern vor dem Spiegel. Lernte mich kennen. Von einer Seite, die mir bis dahin fremd war. Schick siehst du aus, gestand ich mir ein. Nachdem meine Frau und der Verkäufer es vorgebetet hatten. Wem kann ich mehr trauen? Anderen oder mir selbst?

Rehbraun meine Augen. Unverändert solange ich in Spiegel gucke. Bis heute. Soll Ausdruck von liebenswert sein, liebenswert wie Bambi das Reh. Einmal sagte es mir einer mit anderen Worten.

Der Vater meiner ersten Freundin Ruth. Als ich ihre Familie zum ersten Mal besuchte. Sie war sechzehn, ich achtzehn, gerade aus englischer Gefangenschaft zurück. Er sah mich an, lange, dass ich schon nervös wurde: „In Ihren Augen sehe ich, Sie sind ein guter Mensch. Kommen Sie herein. Willkommen bei André & Co.“

Meine Nase auch noch wie früher. Nicht hübsch aber perfekte Schnüfflerin. Die Kopfform meiner Mama, gedrückt oval. Die großen Ohren Erbteil meiner Großmutter Jettchen. Der Ausdruck meines Gesichts gleicht dem des Sextaners. Immer noch. Verträumt die Augen. Aber offen für alles. Auf den jährlichen Treffen unserer Abiturklasse stelle ich fest: Alle sehen irgendwie wie früher aus. Gut, älter geworden, dicker die einen, runzelig andere. Aber der Ausdruck ihres Gesichtes, die Art zu sprechen, die Augen zu bewegen, wie früher als Sextaner und Primaner. Scheinbar unverändert die Fassaden. Rätselhaft nach wie vor das Dahinter.

Hinter meiner Fassade ist ein Kopf. Mit einem Hohlraum, in dem Intelligenz oder sonst was darauf wartet, dass man es weckt. Was sich mir in den Kopf setzt, will ich realisieren. Ideen Wirklichkeit werden lassen. Typisch Widder, sagte Rose als sie noch lebte. Auch sie starb viel zu früh. Nach vier Operationen mit viel zu langen Narkosen für ihre kranke Lunge. Schlimme sechzehn Wochen in der Klinik. Für sie, für mich.

Weihnachten 2009 ihre letzten Worte. Leise, nur von mir gehört: „Ich liebe dich.“ Mein Gesicht nass von Tränen. Den ganzen Tag, die halbe Nacht.

Erst jetzt beginne ich zu verstehen, was sie mir bedeutete. Sie war eine schöne Frau. Belesen, intelligent. Schnell im Kopf und mit dem Wort. Gesprächspartnerin auf Augenhöhe. Zärtlich beim Tête à Tête. Leidenschaftlich. Selbstbewusst. Wendemarke auf meinem Lebensweg. Der zu werden, der ich sein wollte.

Ich spürte mehr Kräfte in mir als mir bewusst war. Meine Kreativität produktiv wie nie zuvor. In den sechs Wochen nach unserem ersten Treffen schrieb ich ihr zweiundvierzig Gedichte. Jeden Tag ein neues. Besuchte sie in ihrer Bauernkate am Niederrhein. Kochte uns einen ganzen Zander in Weißwein, Sahne, Zwiebeln und Petersilie. Kochen hatte ich nicht gelernt. Malte, zeichnete. Las in Düsseldorf, bekam Preise für meine Gedichte. In kleinen Büchlein veröffentlicht.

In meiner Agentur startete ich ein neues Konzept: Kommunikation verbessern zwischen Unternehmensführung und Mitarbeitern. Die Akademie in Köln holte mich als Dozenten. Mein Haus in Langenfeld umgebaut, Marmor verlegen lassen, Rosen pflanzen für meine Rose. Ich war im Zenit. Fühlte mich zu allem fähig. Und liebte alles Schöne. Meine Frau, die mich das Schöne lehrte. Nicht zuletzt mich selbst.

Achtundzwanzig Jahre habe ich sie begehrt, bewundert. Jetzt, da sie tot ist, bete ich sie an. Bitte um Verzeihung, dass ich nur an mich gedacht habe. Gelüste befriedigt. Geschäftliche, künstlerische Ziele erreicht. Möglichst Großartiges auf die Beine gestellt. Auf die Schnauze gefallen. Immer mal wieder. Und aufgestanden. Selten Danke gesagt, wenn Rose mir half. Letztlich mich selbst geliebt bei allem. Mehr als Frau und Töchter. Erste Einsicht.

Gewünscht, jetzt ein anderer zu werden. Mein besseres Selbst entdecken hinter der Fassade. Der quecksilberne Spiegel hilft mir nicht. Hilf dir selbst, dann hilft dir Gott. Habe den Spruch im Kopf ohne ihn zu denken. Handele.

Lasse eine Grabplatte aus weißem, griechischem Marmor auf Cotoneaster-Grün legen. Mit einem Foto von uns beiden. Strauch mit rosa Rosen dahinter. Und heißem Dankeschön bei jedem Besuch. Immer wenn ich mich Roses dunklem Grab nähere, ist die Frage schon da: Was dachte sie in diesen letzten Wochen, Monaten? Was ging hinter der immer noch schönen Fassade vor? Es muss Angst gewesen sein, himmelschreiende Angst. Nicht lange und alles ist aus. Zu Ende mein Leben. Alles lassen müssen. Was ich habe oder zu besitzen glaube. Das Liebste. Dennoch Liebe und Leben lieben mit allerletzter Kraft. Dachte sie es so?

Mir sagte sie nichts. Schwieg, deutete ein Lächeln an. Wollte sie mich ablenken? Meine Kreativität nicht irritieren? Hätte ihr helfen müssen, ermutigen, trösten. Es brauchte neue Worte. Fand sie nicht. Schwieg. Warum? Weiß nicht. Vielleicht war ich selbst schon tot. Ohne sie. Nichts konnte mich retten.

Versuche es jetzt. Leiste Wiedergutmachung. Setze meiner Rose Denkmale. Hänge große Fotos von ihr an die Wände meines Appartements. Solche mit geöffneten Augen. Solche mit herab gesenkten Lidern. Beides ist schön und typisch für sie. Andere verwandle ich per PC in Gemälde, Holzschnitte, Kreidezeichnungen, Kollagen. Stelle sie aus. Alle sehen, wie schön diese Frau, wie lebendig.

Drei Monate nach ihrem Tod beginne ich zu schreiben. Über gemeinsam Erlebtes. Zuhause und unterwegs in Europa und Ägypten. An einigen Stellen muss ich weinen. Sooft ich sie lese. Heute noch wundersam berührt. Rose ist nicht tot. Sie ist auferstanden.

In Bildern und Büchern. In Gesprächen mit Freunden. Mit mir selbst. Meinen Töchtern. Die ich nach Jahren wieder umarme. Nicht nur frage: „Wie geht es euch?"

Denke nach. Gibt es einen Gott, der alles zulässt? Alles fügt? Einen Himmel für Billionen Verstorbene? Und Billionen, die noch sterben werden. Schaue nach oben, wenn ich an meine Rose denke. Den alten Himmel noch im Hinterstübchen. Katholiken denken in oben und unten. Himmel und Hölle, wie gelernt. Selten

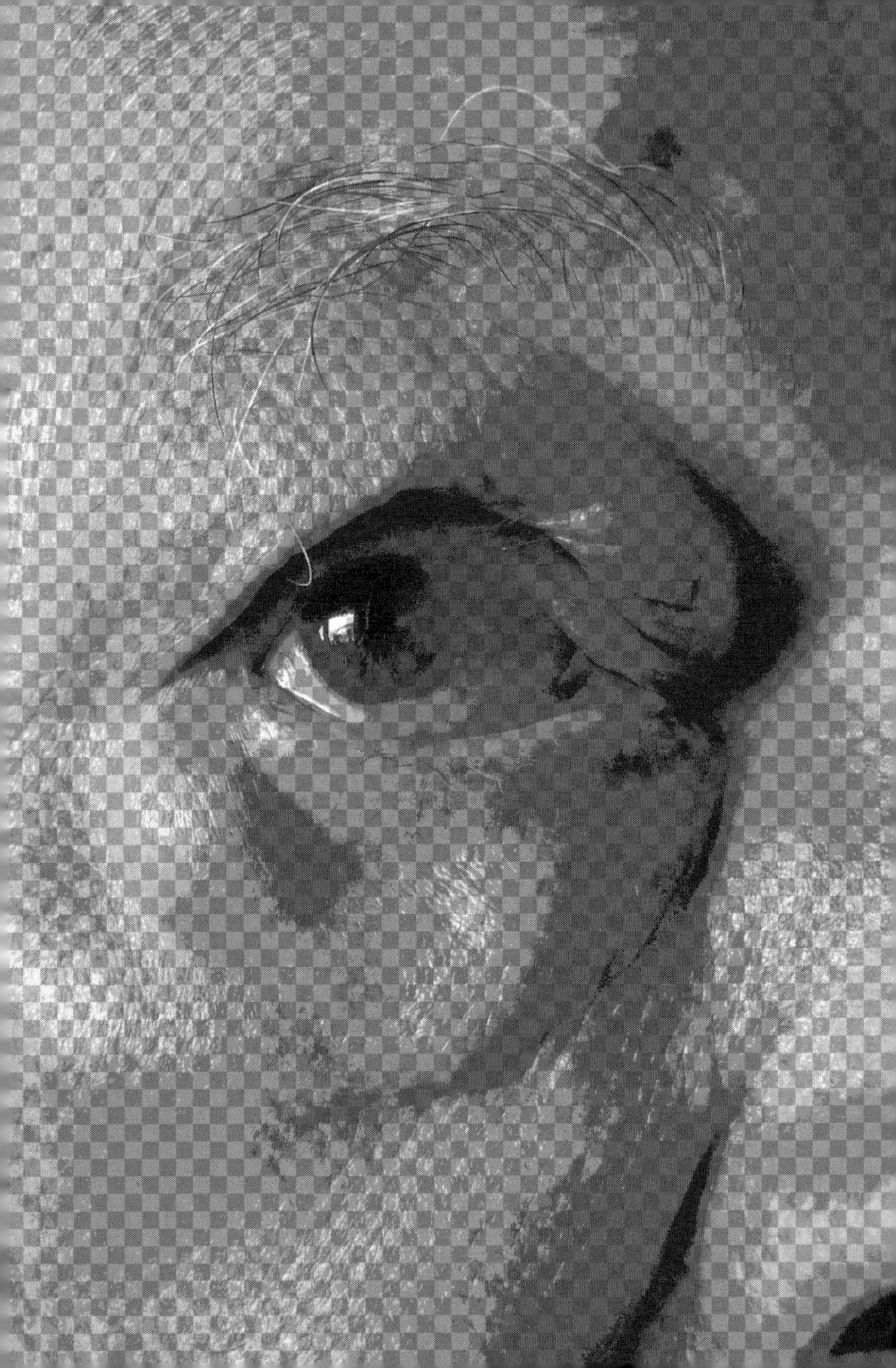

geradeaus. Bin deshalb ausgetreten aus dem Verein. Nach vorne zu denken und zu handeln. Überzeugt, es bringt mich weiter.

Jetzt sehe ich nach oben und denke zurück. Nehme mir vor, Rose im Kopf und Marga, Dorothee, an andere zu denken, nicht nur an mich. Gott, sollte es ihn geben, mich werden lässt, der ich bin.

Wer bin ich denn? Was steckt hinter meiner Fassade? Die nur Abklatsch meiner Ahnen ist. Mendelsche Konsequenz. Äußerlich ganz sicher. Innerlich vielleicht.

Forschungen ergaben, nicht nur Hakennase, starkes Kinn, Charakter, musische Begabungen vererben sich. Oft überspringen sie dabei Generationen. Wie wir wissen. Vererbt werden auch Gewohnheiten, Tanzlust, Ausdauer bei der Arbeit. Liebhabereien, Präferenzen für Sauerbraten oder Fußballspielen. Haben wir selber nichts dazu getan? Unser Sein nur die Folge früherer Seins? Von sozialen Bedingungen, der Gesellschaft, in der wir leben? Ich kann kein anderer werden.

Erkenne in hellen Momenten, ich bin mal so, mal so. Wechselhaft wie das Wetter. Hinter meiner Fassade steckt ein Bringer, der froh sein muss, wenn andere ihn an seinem Äußeren erkennen. Ihn mit allen Plus und Minus, allem Fragwürdigen dahinter lieben wie er ist. Sich selbst erkennt er nie in toto. Zuviel anderes, das sich dazwischen drängt. Ohne zu fragen. Ich will damit leben, dass auch für mich selbst das Rätsel hinter meiner Fassade bleibt was es ist.

Kinder, Freunde werden Fotos betrachten, sich erinnern an mich, dankbar hoffentlich. Denken: de mortibus nihil nisi bene. Über die Toten nur Gutes reden. Mein Rätsel habe ich mit ins Grab genommen. Ohne zu wissen, was rätselhaft sein soll an mir. Ich bin der ich bin. Mögen sich wissbegierige Nachfahren oder gelehrte Häuser den Kopf zerbrechen. Wenn es sie interessiert.

P.S. Unternehmen und Geheimdienste arbeiten mit Hochdruck daran, mit Hilfe elektronischer Tricks nicht nur verschwommene Gesichter zu identifizieren. Auch Taten und Absichten aus den Gesichtern herauszulesen. Andere entwickeln Methoden, es zu verhindern. Ob es ihnen gelingt?

Vom selben Autor noch folgende Bücher:

„ROSE LEBT“
Wiederauerstanden von den Toten in diesem Buch. Lebendig in Bildern und Liebesbriefen eines Vierundachtzigjährigen.
230 Seiten, 15 Fotos. ISBN 978-3-89055-375-6 Euro 14,80

MALLORCA – mit allen Sinnen.
Land und Leute kennen und lieben gelernt. Das Meer, die Buchten, Gebirge und das fruchtbare Land mit Augen, Nase und Gemüt aufgesogen. In Finkas gewohnt. Nobelhotels. Ausgelassen mit Einheimischen gefeiert. Liebe erlebt wie ein Wunder.
212 Seiten, 21 Fotos. ISBN 978-3-89155-381-7 Euro 14,80

ITALIEN – mit allen Sinnen.
Die Wiege abendlicher Kultur. Ziel unserer Sehnsucht. Schönes gesucht und gefunden. Überraschungen verkraftet. Von Venetien bis Apulien. Kunstwerke bestaunt. Ihre Geschichte verschlungen. Kochkunst genossen. Musik im Garten über dem Meer. Glücklich zu zweit.
242 Seiten, 21 Fotos. ISBN 978-3-89155-379-4 Euro 14,80

FRANKREICH – mit allen Sinnen.
Nachbarland, in dem Geschichte lebendig ist. In römischen Theatern, Klöstern und Königsschlössern. Kultur eingeatmet. Geschichte hautnah erlebt. Die Ruhe an der Loire, dem ungebändigten Strom Frankreichs. Esskultur genossen. Ausgekostet bis zum letzten Tropfen.
220 Seiten, 30 Fotos. ISBN 978-3-89155-380-0 Euro14,80

ZUHAUSE – WO?

Ein Leben lang gesucht: Das eigene Haus, Wärme und Liebe, Raum für künstlerische Freiheit. Gefunden, verloren anderes gefunden, verloren. Ein Leben als Liebender, Ehemann, Familienvater, Unternehmer und Künstler. Spannende Biografie eines, der alles will. Und alles verliert.

444 Seiten. ISBN 978-3-89155-389-3 Euro 18,50